Balade dans la Nature

Illustrations : Clover Robin
Texte original : Libby Walden

Piccolia

Le monde sauvage change constamment.
Et si nous oublions de le contempler,
ses enchantements s'effacent lentement...

Alors pour le doux chant des oiseaux écoutés
et ta main sur l'écorce des arbres posée,
prends le temps, arrête-toi un moment...
Sens la chaude caresse du Soleil.
Observe le va-et-vient de l'abeille.

Scrute dans les champs et les bois
toute la magie qui s'y déploie.
Découvre la poésie de l'ordinaire
et de la nature, formant cet incroyable univers...

À l'origine, une graine minuscule

Les végétaux, tels que les arbres et les fleurs, commencent leur existence à l'état de graines. Logée dans un gland, l'une donnera un chêne ou dans une gousse, l'autre se fera luzerne.

Une fois la graine dans le sol bien enfouie,
une pousse ou une tige bientôt surgit,
signalant ainsi le berceau de sa vie.

Haut dans le ciel

Dans l'air limpide et ensoleillé
ou par les vents orageux emportés,
les pilotes du ciel tracent leur route.
Navigateurs des nuages, ils planent
ou battent des ailes. Ils volent.

Leur plumage luit et miroite
dans la lumière qui sans cesse s'acclimate,
et lorsqu'ils trouvent un endroit où nicher
pour la nuit, ils descendent s'y poser.

Les jeunes plants émergent de la terre,
et la printanière éclosion des fleurs,
par son kaléidoscope de couleurs,
vient mettre fin à la tristesse de l'hiver.

Cette fleur connue sous le nom de « bleuet », pousse dans les champs de blé ensoleillés. Avec son joli bleu violacé, elle sert en médecine traditionnelle, et aussi à fabriquer des encres et des teintures.

Un seul coquelicot peut produire jusqu'à 60 000 graines. Chaque fleur compte 4 à 6 pétales chiffonnés, qui se défroissent au fil du temps.

La grande marguerite pousse dans les prairies. Ses gros capitules d'un blanc éclatant avec un cœur d'or paraissent rayonner dans le crépuscule. Elle appartient à la famille des Astéracées, un mot dont l'origine signifie « étoile ».

Les abeilles collectent le nectar sucré des fleurs, afin d'élaborer le miel. Lorsqu'elles butinent, le pollen se colle à leur corps et se trouve alors transporté d'une plante à l'autre. Ainsi, les végétaux peuvent engendrer de nouvelles graines et se reproduire.

Parmi les roseaux

Tout au bord de l'étang,
au secret des joncs frémissants,
s'élève dans l'air une symphonie
de cancans et de coassements.

L'eau somnolente regorge de vie
au-dessus et en dessous, paisible retraite
où peuvent s'épanouir en cachette
poissons, batraciens et oiseaux.

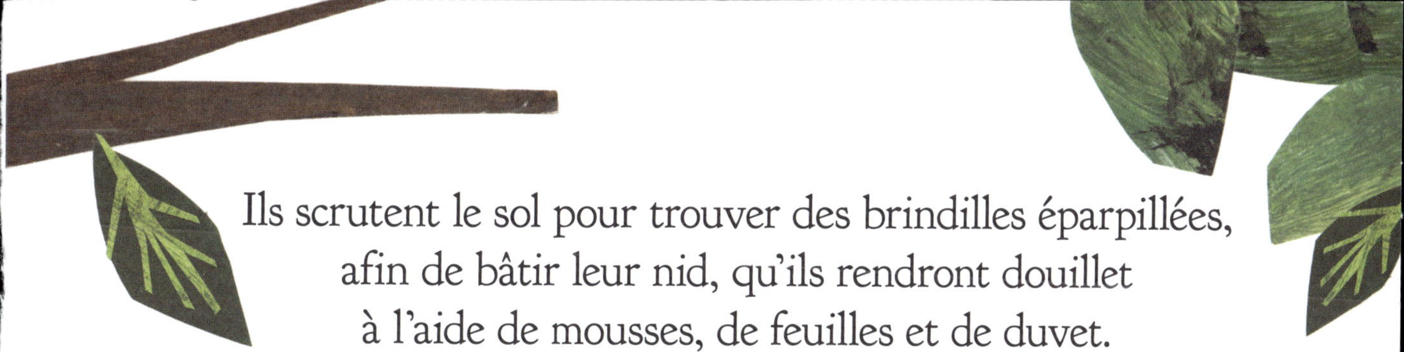

Ils scrutent le sol pour trouver des brindilles éparpillées, afin de bâtir leur nid, qu'ils rendront douillet à l'aide de mousses, de feuilles et de duvet.

Les oiseaux sont les seuls animaux revêtus de plumes. La forme et la disposition spécifiques de celles-ci leur permettent, de décoller, de se diriger et d'accélérer, ou au contraire de ralentir leur vol.

Les œufs peuvent avoir différentes tailles, formes et couleurs.

On appelle « couvée » un ensemble de plusieurs œufs. La plupart des oiseaux chanteurs en pondent un par jour et, d'une espèce à l'autre, la taille des couvées est différente.

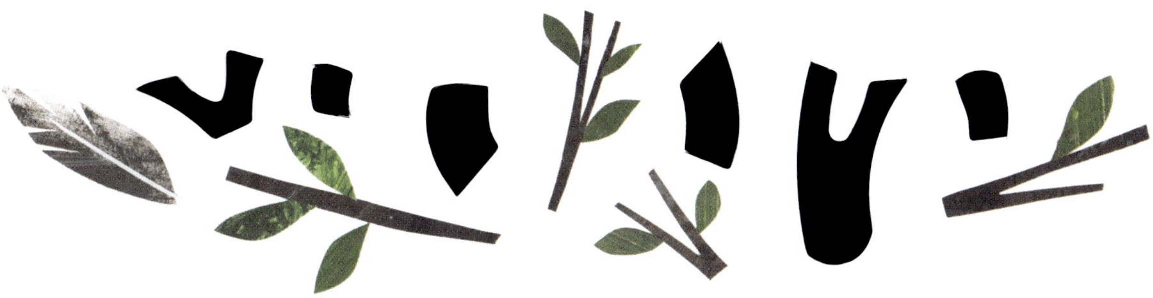

Pour pondre leurs œufs et protéger leurs oisillons, certains oiseaux nichent dans la cavité d'un arbre, d'autres maçonnent un nid de torchis, mais beaucoup utilisent des brindilles et des herbes, qu'ils entrelacent pour confectionner une coupe solide et protectrice.

Merveilles miniatures

Partout sous les souches et les brindilles,
sur le sol ou perchés sur une ramille,
vit une foule de minuscules invertébrés,
comme des mollusques, des insectes et des araignées.

Leur présence est fondamentale.
Ils ont des missions tout à fait vitales,
pour que la nature s'accomplisse.
Ils agissent discrètement en coulisse.

Tandis qu'en grenouilles les têtards
se sont peu à peu transformés,
les canetons apprennent à nager.
Et au cœur de la végétation flottante,
les notonectes effleurent l'eau dormante.

Les nénuphars déploient de larges feuilles en forme de disque. Elles flottent à la surface de l'eau afin que la plante puisse absorber la lumière du Soleil. Elles constituent aussi un excellent havre de repos pour les grenouilles.

Les notonectes sont des punaises aquatiques communes. À l'aide de leurs pattes postérieures puissantes, elles se propulsent à la surface de l'étang pour chasser des vers, larves, têtards et insectes. Certaines grignotent aussi des algues.

Chaque têtard se voit peu à peu pousser des pattes et grossit avant de devenir adulte.

Le cycle de vie d'une grenouille est l'une des fascinantes merveilles de la nature. L'animal subit en effet plusieurs transformations spectaculaires avant de devenir adulte.

Lorsque leurs œufs éclosent, les grenouilles commencent leur vie comme têtards.

La grenouille femelle pond ses œufs dans l'eau.

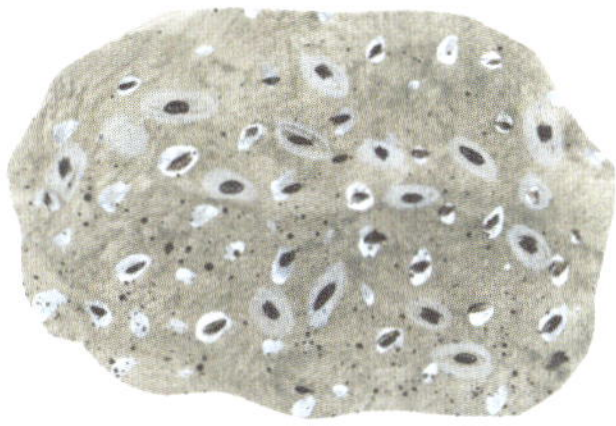

On appelle « frai » l'amas gélatineux des œufs de grenouille.

La lumière et la vie

Loin sur l'horizon infini
le Soleil matinal surgit.
Et sa lumière qui éblouit,
annonce un jour inédit.

Les rayons devenant puissants
embrassent l'immense rivage.
La vie s'éveille doucement
quand le Soleil s'élève vers les nuages.

Des coléoptères forent le bois pourrissant.
Les fourmis en équipe travaillent ardemment.
Escargots et limaces glissent nonchalamment.
Les abeilles font pour leur reine un miel succulent.

Les araignées tissent des toiles collantes pour capturer leurs proies. Ces filets complexes sont faits de soie qu'elles sécrètent dans des glandes et expulsent par de minuscules canaux appelés « filières ». De nombreuses araignées construisent une nouvelle toile chaque jour.

De petits trous dans l'écorce d'un arbre ou dans du bois pourri peuvent indiquer la présence de coléoptères « xylophages » cachés à l'intérieur. En dévorant le bois mort, ces insectes aident à la décomposition des matières végétales, ce qui permet d'apporter au sol des nutriments.

Les escargots produisent une substance visqueuse comparable à un mucus. Grâce à elle, ils glissent plus facilement sur les surfaces irrégulières, gravissent des reliefs abrupts et peuvent même se déplacer la tête à l'envers !

Croissance impressionnante

La nature évolue à tout instant,
et mille couleurs lui sont ajoutées
grâce à ses changements.

À l'intérieur de chaque œuf
et dans la floraison de chaque arbre
il y a le secret d'une prouesse.
Dans la chrysalide bientôt déchirée,
il y a une jolie promesse...

Sur la plage, la marée monte et descend.
Dans les nuées, sous l'astre étincelant,
les crabes se reposent l'espace d'un instant.
Le sable s'écoule au fil du temps...

Le Soleil est une étoile gigantesque qui brille à 150 millions de kilomètres de nous. Bien que notre planète soit la troisième la plus éloignée de lui, ses rayons mettent huit minutes à atteindre la surface de la Terre.

La plupart des plages s'étendent le long des mers et des océans, et sont souvent couvertes de sable. Ce mélange de minuscules particules minérales doit sa couleur à la nature des roches ou d'autres matériaux comme le corail qui le composent.

Pour protéger son corps mou des prédateurs, le bernard-l'ermite s'introduit dans des coquilles abandonnées, comme celles d'escargots de mer. Lorsqu'il a grandi et que la coquille est devenue trop petite pour lui, il en change !

Les coquilles tiennent lieu de squelette externe pour les mollusques tels que les palourdes, les huîtres ou les bigorneaux. Elles sont de tailles très diverses et se présentent aussi sous de nombreuses formes et couleurs.

Un monde secret

En allant par les bois et les champs,
cherche par terre les minuscules entrées
de galeries un peu partout dispersées.

Sous le tapis de l'herbe,
vivent les fouisseurs timides
qui travaillent à labourer
le sol sombre et humide.

Dans les chrysalides se cachent
des ailes fragiles et frissonnantes,
tandis qu'une mésange chante,
ses petits vont éclore, elle est impatiente.

Quand une chenille a terminé de grandir, elle s'enferme dans une enveloppe appelée « chrysalide ». À l'abri des regards, elle subira une série de changements physiques.

Au terme de ce processus, que l'on nomme « métamorphose », elle apparaîtra sous la forme d'un papillon.

Les papillons de nuit aussi connaissent la métamorphose, mais on appelle « cocon » leur étui de soie.

Les faons naissent avec un pelage tacheté de blanc, pour mieux se dissimuler dans l'ombre des sous-bois percés par le Soleil.

Les faons naissent aussi sans odeur. Cela leur permet de ne pas se faire repérer par un prédateur pendant que leur mère part se nourrir.

Les petits des oiseaux sont généralement appelés « oisillons », mais certaines espèces disposent d'un nom spécifique pour leurs petits.

Les canards ont des canetons, les faucons des fauconneaux et l'on nomme cigogneaux les petits des cigognes et oisons ceux des oies.

Variations de couleur

Quand à travers collines et forêts
une brise fraîche se met à souffler,
les feuillages verts de l'été
commencent alors à décliner.

Lentement les feuilles rougissent,
se fanent, sèchent et se rabougrissent,
puis tombent dans un magnifique ballet.
Une, puis deux, et toutes pour terminer...

Möhren und Sellerie schälen und fein würfeln. Von den Tomaten jeweils den Strunk entfernen und die Haut an der Unterseite kreuzförmig einritzen. In einer Schüssel mit kochend heißem Wasser übergießen, nach 1 Minute kalt abschrecken und die Haut abziehen. Die Tomaten vierteln, entkernen und fein würfeln. Schalotten und Knoblauch schälen und fein würfeln.

4.

Das Sojagranulat abtropfen lassen, salzen und pfeffern. Das Öl in einer Pfanne erhitzen und Sojagranulat, Möhren und Sellerie darin bei starker Hitze anbraten. Die Temperatur reduzieren, Schalotten und Knoblauch dazugeben und bei mittlerer Hitze glasig anschwitzen. Tomaten sowie Tomatenmark einrühren und kurz mitbraten. Tomatensaft, übrige Brühe, Thymian und Rosmarin dazugeben und alles noch 15–20 Minuten köcheln lassen.

5.

Die Auberginen vom Strunk befreien und längs in 1 cm dicke Scheiben schneiden. 2 EL Öl in einer Pfanne erhitzen und die Auberginen darin von beiden Seiten anbraten, salzen und pfeffern. Die Paprika aus dem Ofen nehmen, kurz mit einem feuchten Küchentuch bedecken und häuten.

6.

Für die Béchamelsauce die Schalotten schälen und fein würfeln. Die Butter in einem Topf erhitzen und die Schalotten darin bei mittlerer Hitze glasig anschwitzen. Unter Rühren das Mehl einstreuen und farblos anschwitzen.

7.

Milch, Brühe, Lorbeer, Nelke und 1 Prise Muskat dazugeben, alles unter Rühren aufkochen und mindestens 15 Minuten köcheln, dann mit dem Parmesan mischen und abschmecken. Die Bolognese salzen und pfeffern.

8.

Den Boden einer Auflaufform mit Auberginen auslegen und mit etwas Béchamelsauce und Bolognese bestreichen. Wenig Parmesan und Basilikumblätter daraufstreuen. Alle Komponenten in dieser Reihenfolge weiter einschichten, bis die Auberginen aufgebraucht sind. Zuletzt die Paprikahälften obenauf verteilen und alles nochmals mit Parmesan bestreuen. Die Lasagne im Ofen etwa 18 Minuten backen.

9.

Inzwischen den Rucola verlesen und mit übrigem Olivenöl und Balsamico-Essig marinieren. Kurz vor Ende der Garzeit die Ofentomaten nochmals kurz im Backofen mit erhitzen.

10.

Die Lasagne portionieren, auf Teller verteilen und mit Tomaten und Rucola garniert servieren.

NUGATMOUSSE MIT POCHIERTEN BIRNEN UND BROMBEERSAUCE

Nugatmousse klingt zunächst nach Winter, schmeckt – wie hier mit Brombeeren gepaart – aber auch im Sommer gut gekühlt ganz köstlich. Die pochierten Birnen sind dazu das Tüpfelchen auf dem i.

45 Minuten + 3 Stunden Kühlzeit

FÜR 6-[illegible]ERSONEN

Für die [illegible]usse:
2 sehr f[illegible]che Eier
50 g Zuc[illegible]r
250 g Vo[illegible]ilchkuvertüre
250 g Nu[illegible]-Nugat-Masse
2 EL Am[illegible]etto
800 g S[illegible]e

Für die [illegible]uce:
250 g [illegible]mbeeren
2 cl Ca[illegible]slikör
20 ml [illegible]ter Portwein
Saft [illegible]n 1 Limette
10[illegible] Zucker

Für die Birnen:
150 g Zucker
250 ml Weißwein
5 cl Birnengeist
½ Vanilleschote
1 Zimtstange
2 Sternanis
3–4 reife Birnen

1.
Für die Mousse Eier und Zucker über einem heißen Wasserbad schaumig schlagen, dann über einem Eiswasserbad kalt rühren.

2.
Die Kuvertüre hacken und mit der Nuss-Nugat-Masse über dem heißen Wasserbad schmelzen. Beides unter die Eiermasse rühren. Den Amaretto mit der Nugatcreme mischen und die Creme abkühlen lassen. Inzwischen die Sahne steif schlagen und dann unter die abgekühlte Nugatcreme ziehen. Die Mousse in kleine Gläser füllen und mindestens 3 Stunden kühl stellen.

3.
Für die Sauce die Beeren mit Likör, Portwein, Limettensaft und Zucker in einem Topf aufkochen. Die Masse mit dem Stabmixer pürieren und durch ein feines Sieb streichen. Beiseitestellen.

4.
Für die Birnen den Zucker in einem Topf bei mittlerer Hitze karamellisieren. Mit Weißwein und Birnengeist ablöschen. Die Vanilleschote einritzen und auskratzen, dann samt Mark, Zimt und Sternanis zu der Flüssigkeit geben. Alles so lange köcheln lassen, bis sich der Zucker aufgelöst hat.

5.
Die Birnen schälen, halbieren und das Kerngehäuse entfernen. In den Weißweinfond legen und bei schwacher Hitze in heißer, aber nicht mehr kochender Flüssigkeit etwa 15 Minuten garen. Den Topf vom Herd nehmen, die Birnen im Fond abkühlen lassen.

6.
Die Birnen fächerförmig aufschneiden und auf den Mousse-Gläschen anrichten. Mit der Brombeersauce beträufelt servieren.

BUCHEN
GRILL-HOLZKOHLE

ANHEIZEN & LOSBRUTZELN

Kreative Ideen für fleischloses Grillvergnügen

CAPRESE VOM GRILL

Tomaten der Sorte San Marzano heißen aufgrund ihrer länglichen Form auch Flaschentomaten. Ihr intensives und fruchtiges Aroma macht sie bei Tomatenfans wie mir äußerst beliebt. Dies ist der Grund dafür, dass sie auch zur Herstellung von Tomatenmark und Ketchup so gerne verwendet werden.

15 Minuten

FÜR 4 PERSONEN

4 Tomaten (Sorte San Marzano; siehe Tipp)
4–5 Stängel Basilikum
1 Büffelmozzarella (125 g)
1 EL Olivenöl, plus etwas mehr für die Grillschale
1 Prise Zucker
Salz
frisch gemahlener Pfeffer

Außerdem:
Grillschale

1.

Den Grill für direktes Grillen anheizen. Die Tomaten längs halbieren und die Kerne mit einem Löffel herauskratzen. Die Basilikumblätter abzupfen und fein schneiden. Den Mozzarella würfeln.

2.

Mozzarellawürfel und Basilikum mit dem Olivenöl mischen. Mit Zucker, Salz und Pfeffer abschmecken und auf die Tomaten verteilen.

3.

Sobald der Grill die richtige Temperatur hat, die Grillschale mit Olivenöl leicht fetten und auf dem Grill heiß werden lassen. Die gefüllten Tomatenhälften darin bei mittlerer bis starker Hitze etwa 2–3 Minuten grillen, bis der Käse geschmolzen ist.

4.

Die überbackenen Tomatenhälften auf Teller verteilen und servieren. Dazu passt ein knuspriges Baguette.

IDEAL ZUM GRILLEN

San-Marzano-Tomaten sind bei uns auf Wochenmärkten und in gut sortierten Supermärkten meist von Juli bis Oktober erhältlich – also genau richtig zur Grillsaison. Durch ihr festes Fruchtfleisch sind sie weniger wässrig als andere Sorten und daher für dieses Rezept besonders gut geeignet. Aber selbstverständlich können Sie das Gericht auch mit anderen Tomaten zubereiten. Achten Sie beim Kauf nur unbedingt auf ein festes Fruchtfleisch.

GEGRILLTER BLUMENKOHL MIT LIMETTEN-WALNUSS-MAYONNAISE

So haben Sie Blumenkohl wahrscheinlich noch nicht gegessen! Vindaloo-Currrypaste ist eine beliebte indische Würzzutat, die zum Beispiel auch mit Kartoffeln oder Fleisch sehr gerne gemischt wird. Ich mildere die Schärfe in diesem Gericht durch die Mayonnaise ein wenig ab. Es gibt übrigens auch violetten Blumenkohl – greifen Sie zu, wenn Sie ihn bekommen können.

30 Minuten

FÜR 4 PERSONEN

Für den Blumenkohl:
2 Blumenkohlköpfe
Salz
3 EL Vindaloo-Currypaste (aus dem Asialaden; ersatzweise eine andere Currypaste)
1 EL Palmzucker (aus dem Asialaden; ersatzweise brauner Rohrzucker)
3 EL Erdnussöl
3 EL Zucker
Pflanzenöl für die Grillschale

Für die Mayonnaise:
50 g Walnusskerne
3 sehr frische Eigelb
1 EL Senf
Salz
frisch gemahlener Pfeffer
150 ml Sonnenblumenöl
150 ml Walnussöl
1 Spritzer Limettensaft

Außerdem:
Grillschale

1.

Den Grill für direktes Grillen anheizen. Inzwischen den Blumenkohl putzen und in Röschen teilen. Die Röschen in kochendem Salzwasser 6 Minuten blanchieren. Herausheben, kalt abschrecken und abtropfen lassen. Große Röschen in 1 cm dicke Scheiben schneiden, kleine Röschen für einen Salat (siehe Tipp) beiseitestellen.

2.

Für die Mayonnaise die Walnüsse in einer Pfanne ohne Fett anrösten. Kurz abkühlen lassen, dann fein hacken. Eigelbe und Senf in einem hohen Rührbecher mit dem Stabmixer mischen und mit Salz und Pfeffer würzen. Beide Ölsorten in einem dünnen Strahl dazugeben, dabei kräftig weitermixen. Die Mayonnaise mit Limettensaft, Salz und Pfeffer abschmecken, die Walnüsse unterheben und die Mayonnaise bis zum Servieren kühl stellen.

3.

Für den Blumenkohl Currypaste, Palmzucker, Erdnussöl und Zucker kurz erhitzen und die Blumenkohlscheiben damit bestreichen. Sobald der Grill die richtige Temperatur hat, die Grillschale mit Öl leicht fetten und auf dem Grill heiß werden lassen. Die Blumenkohlscheiben auf dem nicht zu heißen Grill etwa 5 Minuten garen, dabei ab und zu wenden.

4.

Den Blumenkohl auf einem Teller anrichten und mit der Mayonnaise servieren. Nach Belieben den Blumenkohlsalat (siehe Tipp) dazu reichen.

BLUMENKOHLSALAT

Saft und Schale von 1 Bio-Limette mit 5 EL Olivenöl und 1 Prise Zucker verquirlen. Die Vinaigrette mit Salz und Pfeffer abschmecken. ½ Bund Schnittlauch in feine Röllchen schneiden. Die kleinen blanchierten Blumenkohlröschen mit der Vinaigrette mischen. Den Salat nochmals abschmecken und zuletzt den Schnittlauch unterheben.

HOKKAIDO-SPIESSE MIT KÜRBIS-AIOLI UND SÜSS-SCHARFEN KÜRBISKERNEN

Was hier aufgespießt und gegrillt wird, sind keine kleinen UFOs, sondern Mini-Kürbisse der Sorte Pattison. Wegen ihrer besonders hübschen Form tragen sie auch den Namen »Bischofsmützen« oder »Kaisermützen«.

30 Minuten + 30 Minuten Marinierzeit

FÜR 4 PERSONEN

Für die Spieße:
1 kleiner Hokkaido-Kürbis
6 Mini-Kürbisse (Sorte Pattison)
12 getrocknete Aprikosen
Pflanzenöl für die Grillschale

Für die Marinade:
Saft von 1 Orange
Saft von 1 Limette
2 EL Kokosmilch
1 TL Honig
1 TL Kürbiskernöl
½ TL Currypulver
1 Msp. gemahlener Zimt
1 TL gehackter Rosmarin
1 Msp. Cayennepfeffer
Salz

Für die Kürbiskerne:
50 g Zucker
100 g Kürbiskerne
1 Prise Cayennepfeffer

Für die Aioli:
2 Knoblauchzehen
1 TL mittelscharfer Senf
50 ml Olivenöl
50 ml Kürbiskernöl
100 ml Sonnenblumenöl
Saft von 1 Limette
Salz
2 sehr frische Eiweiß

Außerdem:
4 Schaschlik-Holzspieße
Grillschale (nach Belieben)

1.
Für die Kürbisspieße die Holzspieße in einer Schüssel mit lauwarmem Wasser einweichen (siehe Tipp).

2.
Den Hokkaido-Kürbis halbieren, entkernen und mit Schale in etwa 3 x 3 cm große Würfel schneiden. Die Pattisons halbieren. Hokkaido-Stücke und Aprikosen abwechselnd mit den Pattisonhälften auf die gewässerten Holzspieße stecken. In einer flachen Auflaufform nebeneinanderlegen.

3.
Für die Marinade alle Zutaten in ein Glas mit Schraubverschluss geben, das Glas verschließen und gründlich durchschütteln. Die Hokkaido-Spieße in der Auflaufform gleichmäßig mit der Marinade begießen. Mit Frischhaltefolie abdecken und 30 Minuten ziehen lassen.

4.
Inzwischen den Grill für direktes Grillen anheizen. Für die Kürbiskerne den Zucker mit 2 EL Wasser in einem kleinen Topf aufkochen und alles sirupartig einkochen lassen. Die Kürbiskerne dazugeben und den Zucker bei schwacher Hitze karamellisieren

lassen. Die Masse auf einem Bogen Backpapier verteilen, mit Cayennepfeffer würzen und vollständig abkühlen lassen.

5.

Für die Aioli den Knoblauch schälen, fein schneiden und mit Senf und allen Ölsorten mit dem Stabmixer fein pürieren. Mit Limettensaft und Salz abschmecken. Die Eiweiße in einem hohen Rührbecher mit dem Stabmixer aufschäumen, dabei das Knoblauchöl in einem dünnen Strahl hineinfließen lassen. Nochmals abschmecken und kühl stellen.

6.

Sobald der Grill die richtige Temperatur hat, die Grillschale oder den Rost mit Pflanzenöl leicht fetten und auf dem Grill heiß werden lassen. Die Spieße darauflegen und bei mittlerer Hitze 15 Minuten grillen. Inzwischen die abgekühlten Kürbiskerne grob hacken. Die Kürbisspieße mit der Aioli auf Teller verteilen und mit den süß-scharfen Kürbiskernen bestreut servieren.

BRANDSCHUTZ

Das Wässern der Spieße verhindert, dass sie während des Grillens zu schnell heiß werden und verbrennen.

V

VEGAN-TIPP

Die Hokkaido-Spieße schmecken auch wunderbar mit einem Dip aus pürierter Avocado, gewürzt mit Salz, Pfeffer, Limettensaft und Olivenöl. Bei der Marinade den Honig einfach durch Ahornsirup ersetzen. Veganer-Herzen werden beim nächsten Grillabend höher schlagen!

SÜSSKARTOFFELN VOM GRILL MIT SCHARFEM GURKEN-MANGO-DIP

Vorsicht, scharf! Unter dem Begriff *Sambal* werden aus Indonesien stammende, dickflüssige Würzsaucen auf Chili-Basis zusammengefasst. *Oelek* oder auch *Ulek* heißt nämlich der Stößel, mit dem man dort die Paste aus Chilischoten, Salz und Essig im Mörser fein zerreibt.

25 Minuten

FÜR 4 PERSONEN

Für die Süßkartoffeln:
4 rotfleischige Süßkartoffeln
1 Stängel Estragon
1 Stängel Petersilie
1 Stängel Koriandergrün
50 ml Sonnenblumenöl
Saft von 1 Limette
1 EL brauner Zucker
Pflanzenöl für den Rost

Für den Dip:
1 Bio-Salatgurke
Salz
1 rote Zwiebel
1 Mango
500 g griech. Joghurt (10 % Fett)
2 TL Sambal Oelek
frisch gemahlener Pfeffer
1 Prise Zucker

1.

Den Grill für direktes Grillen anheizen. Inzwischen die Süßkartoffeln schälen und in etwa 8 mm dicke Scheiben schneiden. Estragon-, Petersilien- und Korianderblätter abzupfen und sehr fein schneiden. Die Kräuter mit Öl, Limettensaft und Zucker mischen.

2.

Für den Dip die Gurke mit der Schale fein raspeln. Die Raspel mit 1 kräftigen Prise Salz bestreuen, verkneten und 10 Minuten ziehen lassen (siehe Tipp). Inzwischen die Zwiebel schälen und in feine Würfel schneiden. Die Mango schälen, das Fruchtfleisch vom Stein schneiden und ebenfalls würfeln. Das Gurkenwasser abgießen und die Gurkenraspel mit Zwiebel und Mango unter den Joghurt mischen. Mit Sambal Oelek, Pfeffer, Zucker und bei Bedarf mehr Salz würzen.

3.

Sobald der Grill die richtige Temperatur hat, die Kartoffelscheiben mit dem Kräuteröl bestreichen und den Rost mit Pflanzenöl fetten. Die Kartoffelscheiben auf den Rost legen und bei nicht zu starker Hitze 10 Minuten grillen, dabei mehrmals wenden. Die Süßkartoffeln mit dem Dip auf einer großen Platte angerichtet servieren.

GURKEN ENTWÄSSERN

Salatgurken bestehen zu 96 Prozent aus Wasser. Damit der Dip nicht zu wässrig wird, bestreue ich die Gurkenraspel daher vor dem Mischen mit Salz. Das Salz entzieht der Gurke eine gute Menge des enthaltenen Wassers, das auf diese Weise später den Dip nicht mehr verdünnen kann.

V

VEGAN-TIPP

Für vegane Grillgäste einfach den Dip mit einem veganen Joghurt zubereiten.

GEGRILLTER GRÜNER SPARGEL MIT ANANAS

Sobald die Grillsaison im späten Frühjahr beginnt, sollten Sie schnell dieses Gericht ausprobieren – bevor die Spargelsaison schon wieder vorbei ist. Falls das Wetter in der Spargelzeit noch nicht ausreichend warm zum Draußengrillen ist, können Sie den Spargel auch einfach im Backofen grillen.

45 Minuten + 30 Minuten Ruhezeit

VEGAN

FÜR 4 PERSONEN

Für Spargel und Ananas:
1 kg grüner Spargel
Salz
frisch gemahlener Pfeffer
250 g Ananas

Für die Vinaigrette:
3 EL Kräuteressig
¼ TL Dijonsenf
1 Prise Zucker
Salz
frisch gemahlener Pfeffer
9 EL Olivenöl
5 Stängel Petersilie
¼ Bund Schnittlauch

Außerdem:
2 Edelstahl- oder Grillschalen ohne Schlitze

1.
Den Grill für direktes Grillen anheizen. Den Spargel im unteren Drittel schälen und holzige Enden entfernen. Die Stangen mit Salz und Pfeffer würzen und 30 Minuten ruhen lassen. Inzwischen die Ananas schälen. Den harten inneren Strunk entfernen und das Fruchtfleisch in Stücke schneiden.

2.
Für die Vinaigrette Essig, Senf, Zucker, Salz und Pfeffer gut verquirlen, bis sich Salz und Zucker vollständig aufgelöst haben. Das Öl unterrühren, bis sich die Zutaten leicht cremig verbunden haben. Die Petersilienblätter abzupfen und fein hacken. Den Schnittlauch in feine Röllchen schneiden. Die Kräuter unter die Vinaigrette mischen. Die Ananasstücke mit wenig Vinaigrette marinieren.

3.
Sobald der Grill die richtige Temperatur hat, den Spargel in die Grillschalen schichten und die marinierte Ananas darüber verteilen. Den Spargel bei mittlerer Hitze mit geschlossenem Deckel etwa 10 Minuten grillen, dabei die Stangen ab und zu wenden.

4.
Den Spargel mit der Ananas auf einem Servierteller anrichten und mit der restlichen Vinaigrette beträufelt servieren.

WARM MARINIEREN
Beträufeln Sie das gegrillte Gemüse, solange es noch heiß oder zumindest warm ist. So können die Würzstoffe und Aromen noch viel besser einziehen. Sie kennen das vielleicht schon vom Kartoffelsalat, der, warm mit der Vinaigrette begossen, ganz besonders aromatisch und schön »schlotzig« wird.

GEGRILLTE MAISKÖLBCHEN MIT ASIA-ERDNUSS-DIP

Meine Mischung klingt wild, ist aber genau das Richtige für einen gemütlichen Grillabend mit Freunden. Das Popcorn können Sie übrigens auch salzig zubereiten: Dafür einfach den karamellisierten Zucker weglassen und die aufgeplatzten Maiskörner mit einer Mischung aus Fleur de Sel und Cayennepfeffer würzen.

30 Minuten + 1 Stunde Marinierzeit

VEGAN

FÜR 4 PERSONEN

Für die Maiskölbchen:
28 Mini-Maiskolben (siehe Tipp)
1 Chilischote
2 Knoblauchzehen
Salz
½ TL gemahlene Kurkuma
Saft von 1 Limette
1 EL Sojasauce
5 TL Ahornsirup
2 TL Cajun-Gewürzmischung
Pflanzenöl für den Rost

Für den Dip:
80 g Zucker
2 EL Sojasauce
2 EL Sweet Chili Sauce
200 ml Gemüsebrühe
3 EL Erdnussbutter
Salz
frisch gemahlener Pfeffer

Für scharfes Popcorn (nach Belieben):
80 g Popcornmais
2 EL Pflanzenöl
100 g Zucker
1 Msp. Cayennepfeffer

Außerdem:
4 Schaschlik-Holzspieße

1.
Die Maiskölbchen putzen. Die Chilischote der Länge nach halbieren, entkernen und fein würfeln. Den Knoblauch schälen und ebenfalls in feine Würfel schneiden.

2.
Die Maiskölbchen in gesalzenem Kurkumawasser etwa 3 Minuten blanchieren. Chili, Knoblauch, Limettensaft, Sojasauce, Ahornsirup und Cajun-Gewürz verrühren. Die Maiskölbchen abgießen und noch heiß in der Marinade 1 Stunde ziehen lassen.

3.
Den Grill für direktes Grillen anheizen. Die Holzspieße in lauwarmem Wasser einweichen. Inzwischen für den Dip

den Zucker in einem kleinen Topf bei mittlerer Hitze karamellisieren. Mit Sojasauce und Sweet Chili Sauce ablöschen. Die Gemüsebrühe dazugießen, alles aufkochen und die Erdnussbutter einrühren. Mit Salz und Pfeffer abschmecken. Warm halten.

4.

Für das Popcorn nach Belieben Mais und Öl in einem großen Topf mischen. Den Deckel auflegen und alles bei starker Hitze erhitzen, bis der Mais zu platzen beginnt. Die Hitze auf ein Minimum reduzieren und warten, bis alle Maiskörner aufgeplatzt sind. Dabei den Topf immer wieder rütteln. Sobald das Poppen aufgehört hat, das Popcorn in eine Schüssel umfüllen.

5.

Den Topf von den Maiskörnern zurück auf den Herd stellen und den Zucker darin bei mittlerer Hitze karamellisieren. Das Popcorn dazugeben und alles gut mischen. Ein Backblech mit Backpapier auslegen. Das Popcorn darauf verteilen, mit wenig Cayennepfeffer würzen und abkühlen lassen.

6.

Für die Spieße die Maiskölbchen mit Küchenpapier trocken tupfen. Jeweils 7 Kolben auf einen abgetropften Holzspieß stecken. Sobald der Grill die richtige Temperatur hat, den Rost mit Pflanzenöl leicht fetten und die Spieße mit den Maiskölbchen auf dem Grill etwa 5 Minuten grillen, dabei mehrfach wenden.

7.

Die Spieße auf Teller verteilen und mit dem Dip servieren. Das Popcorn in einer Schüssel separat dazu reichen.

FRISCH ODER AUS DEM GLAS

Frische Mini-Maiskolben gibt es im Feinkosthandel oder im Asialaden. Falls Sie keine bekommen, ersetzen Sie die frischen durch eingelegte Kölbchen aus dem Glas. Sie sollten nur nicht süß-sauer, sondern lediglich in Lake eingelegt sein. In diesem Fall entfällt das Blanchieren und Sie erhitzen die Kolben nur kurz in etwas Öl in der Pfanne, bevor Sie sie in der Marinade ziehen lassen.

GEFÜLLTE CHAMPIGNONS MIT GELBEM ERBSENPÜREE UND MANCHEGO

Gelbe Erbsen und Manchego erscheinen auf den ersten Blick als ungewöhnliche Kombination – erst recht als Füllung für Champignons. Seitdem ich dieses Gericht aber zum ersten Mal ausprobiert habe, liebe ich es. Wie ist es bei Ihnen?

1 ½ Stunden

FÜR 4 PERSONEN

150 g geschälte gelbe Erbsen
500 ml Gemüsebrühe
1 Lorbeerblatt
12 Riesen-Champignons (Sorte Portobello; siehe Tipp)
2 Schalotten
2 Knoblauchzehen
½ Bund Koriandergrün
100 g Manchego (span. Schafskäse)
50 g Butter
Salz
frisch gemahlener Pfeffer
abgeriebene Schale und Saft von 1 Bio-Limette
1 Msp. gemahlener Kreuzkümmel
Pflanzenöl für die Grillschale

Außerdem:
Grillschale

1.
Die Erbsen in der Brühe mit dem Lorbeerblatt etwa 1 Stunde weich garen. Inzwischen die Champignons putzen, dabei die Stiele vorsichtig aus dem Hut herausdrehen und würfeln. Die Schalotten schälen und ebenfalls in feine Würfel schneiden. Den Knoblauch schälen und fein würfeln. Das Koriandergrün abzupfen und fein schneiden. Den Manchego in kleine Würfel schneiden.

2.
Die Butter in einer Pfanne erhitzen und Champignonstiele, Schalotten und Knoblauch darin bei mittlerer Hitze anschwitzen. Mit Salz und Pfeffer abschmecken. Die Erbsen abgießen, das Lorbeerblatt entfernen und die Erbsen mit dem Stabmixer pürieren.

3.
Champignon-Zwiebel-Mischung und Erbsenpüree verrühren. Koriander und Manchego dazugeben. Mit Limettenschale und -saft, Kreuzkümmel, Salz und Pfeffer abschmecken.

4.
Den Grill für direktes Grillen anheizen. Die Erbsenfüllung in die Champignons verteilen. Eine Grillschale mit Öl fetten und auf dem Grill heiß werden lassen. Die Champignons darauflegen und mit geschlossenem Deckel 6–8 Minuten je nach Größe der Pilze und Hitze grillen.

5.
Die gefüllten Champignons auf Teller verteilen und servieren.

GROSSE UND KLEINE PILZE
Riesen-Champignons sind aufgrund ihrer Größe zum Füllen besonders gut geeignet. Sie können stattdessen natürlich auch möglichst große gewöhnliche Champignons verwenden. Hier müssen Sie die Anzahl auf etwa 20 Stück erhöhen und beim Füllen etwas mehr Fingerspitzengefühl beweisen. Den Manchego können Sie genauso gut durch einen anderen Käse – zum Beispiel Feta oder auch Ziegengouda – ersetzen.

GEFÜLLTE TOMATEN MIT HIRSE UND TROCKENOBST

Für mich passt kein anderes Getreide so gut zu Süßem und Herzhaftem wie Hirse. Hier ist sie der perfekte Begleiter für ein tomatig-fruchtiges Rezept mit pikanten Aromen. Das Getreide schmeckt übrigens nicht nur nussig und gut, sein relativ hoher Siliziumgehalt sorgt für gesunde Nägel und Haare sowie schöne Haut.

45 Minuten

VEGAN

FÜR 4 PERSONEN

Für die Füllung:
350 ml Gemüsebrühe
2 EL Olivenöl
1 EL weißer Balsamico-Essig
1 TL gemahlene Kurkuma
200 g Hirse, 50 g Pinienkerne
2 getrocknete Apfelringe
5 getrocknete Pflaumen (entsteint)
5 getrocknete Aprikosen (entsteint)
2 EL Sultaninen
1 Bund Frühlingszwiebeln
4 EL fein gehackte glatte Petersilie
4 EL fein gehacktes Koriandergrün
1 TL Ras el-Hanout
1 Msp. Cayennepfeffer
1 Msp. Currypulver, Salz

Für die Tomaten:
4 Fleischtomaten
Salz, frisch gemahlener Pfeffer
Pflanzenöl für die Grillschale
3 Knoblauchzehen
3 Thymianzweige

Außerdem:
Grillschale

1.

Den Grill für indirektes Grillen anheizen. Brühe, Olivenöl, Essig und Kurkuma in einem Topf aufkochen. Die Hirse gut abgespült und abgetropft dazugeben, aufkochen und umrühren. Zugedeckt bei schwacher Hitze 15 Minuten ausquellen lassen.

2.

Inzwischen die Pinienkerne in einer Pfanne ohne Fett goldbraun rösten. In eine Schüssel füllen, leicht abkühlen lassen und grob hacken. Apfelringe, Pflaumen, Aprikosen und Sultaninen in feine Würfel schneiden. Den weißen Teil der Frühlingszwiebeln in feine Ringe schneiden (grünen Teil anderweitig verwenden). Trockenobstwürfel, Zwiebelringe, Petersilie und Koriander unter die gegarte Hirse mischen. Die Hirsefüllung mit Ras el-Hanout, Cayennepfeffer, Curry und Salz abschmecken.

3.

Von den Tomaten einen Deckel abschneiden und Kerne und Trennwände mit einem Löffel herauslösen. Die Tomaten innen salzen, pfeffern und mit der Hirsemischung füllen. Die Tomatendeckel wieder aufsetzen.

4.

Sobald der Grill die richtige Temperatur hat, die Grillschale mit Öl leicht fetten. Die gefüllten Tomaten darauf verteilen, angedrückten Knoblauch und Thymian dazugeben und das Ganze auf dem heißen Grill 20 Minuten indirekt garen. Sofort servieren.

STATT HIRSE

Natürlich können Sie die Hirse in diesem Rezept auch durch Couscous oder vorgegarten Reis ersetzen.

proFagus
BUCHEN
brennt schneller an
glüht länger und heisser
ökologisch produziert

GEGRILLTER ZIEGENKÄSE MIT ZUCCHINI, TOMATEN UND ROSMARINHONIG

Der französische Weichkäse *Crottin de Chavignol* aus Ziegenmilch ist für mich einer der besten seiner Art und eignet sich für dieses Gericht perfekt. Sein Geschmack ist frisch und leicht nussig, wobei die Ziegenmilch noch deutlich zu schmecken ist. Mit zunehmender Reife wird sein Aroma intensiver. Ein Besuch beim Käsehändler lohnt sich!

20 Minuten

FÜR 6 PÄCKCHEN

2 große Zucchini
3–4 mittelgroße Tomaten
180 g Ziegenweichkäse (vorzugsweise 3 Crottins de Chavignol à ca. 60 g; ersatzweise Sainte-Maure oder anderer Ziegenkäse)
frisch gemahlener Pfeffer
3 Zweige Rosmarin
4 EL Honig
Pflanzenöl für den Rost und zum Bestreichen
Fleur de Sel

Außerdem:
6 Zahnstocher

1.
Den Grill für direktes Grillen anheizen. Die Zahnstocher in kaltem Wasser einweichen. Die Zucchini längs in 12 dünne Scheiben (2–3 mm dünn) schneiden (siehe Tipp). Die Tomaten ebenfalls in 12 Scheiben schneiden. Die Käsestücke horizontal halbieren bzw. in 6 Stücke à 30 g schneiden.

2.
Je 2 Zucchinischeiben kreuzweise übereinanderlegen. 1 Tomatenscheibe darauflegen, 1 Käsestück daraufsetzen und mit 1 Tomatenscheibe abdecken, pfeffern. Zucchinischeiben über Tomate und Käse klappen und die Enden mit Zahnstochern fixieren. Die Rosmarinnadeln abzupfen, fein hacken und mit dem Honig mischen.

3.
Sobald der Grill die richtige Temperatur hat, den Rost mit Pflanzenöl leicht fetten und die Zucchini-Käse-Päckchen mit wenig Öl bestreichen. Dann auf dem Rost 8–10 Minuten grillen, dabei mit Rosmarinhonig beträufeln und mehrfach vorsichtig wenden.

4.
Die Zucchini-Käse-Päckchen mit Pfeffer und Fleur de Sel würzen und am besten noch noch heiß servieren. Dazu passt eine Scheibe knusprig geröstetes Sauerteigbrot.

DÜNNE SCHEIBEN
Das Aufschneiden der Zucchini klappt am besten mit der Aufschnittmaschine. Falls Sie einen Küchenhobel besitzen, dessen Klingenabstand sich variabel einstellen lässt, ist dies ebenfalls eine gute Alternative. Im Zweifel geht natürlich auch ein großes Messer und eine ruhige Hand.

GEGRILLTER ROTSCHMIERKÄSE MIT TRAUBEN-CHUTNEY

Käse und Trauben sind für mich nicht nur zusammen auf den Zahnstocher gespießt ein Genuss, sondern auch – oder erst recht – vom Grill. Ganz besonders in dieser Variante. Probieren Sie's aus!

35 Minuten + 8–24 Stunden Marinierzeit

FÜR 4 PERSONEN

Für den Käse:

600 g Rotschmierkäse (z.B. Munster oder Époisses)
1 Zweig Rosmarin
½ Msp. gemahlener Kümmel
50 ml Traubensaft
5 cl Grappa
1 EL Traubenkernöl

Für das Chutney:

je 1 grüne und rote Chilischote
1 haselnussgroßes Stück Ingwer
4 EL Honig
1 EL Balsamico-Essig
50 g Korinthen
1 Lorbeerblatt
100 g rote Trauben (kernlos)
100 g weiße Trauben (kernlos)
1 Zweig Rosmarin, Salz
1 TL Speisestärke (nach Belieben)
50 g gesalzene Cashewkerne

Außerdem:

Grillschale ohne Schlitze

1.

Am Vortag den Käse in 1½ cm dicke Scheiben schneiden. Die Rosmarinnadeln abzupfen. Kümmel, Rosmarin, Traubensaft, Grappa und Traubenkernöl mischen und auf dem Boden einer Auflaufform verteilen. Die Käsescheiben darin wenden, mit Frischhaltefolie abdecken und mindestens 8 Stunden, am besten 24 Stunden, im Kühlschrank marinieren.

2.

Am nächsten Tag den Grill für direktes Grillen anheizen. Inzwischen für das Chutney die Chilis längs halbieren, entkernen und fein würfeln. Den Ingwer schälen und fein hacken. Honig und Essig in einem Topf bei mittlerer Hitze aufkochen. Chilis, Ingwer, Korinthen und Lorbeer dazugeben und alles 1 Minute kochen.

3.

Die Trauben halbieren, mit dem Rosmarin zur Honigmischung geben und 2 Minuten mitgaren. Das Chutney mit wenig Salz abschmecken. Nach Belieben Speisestärke mit wenig kaltem Wasser glatt rühren und das Chutney damit binden. Die Cashewkerne in einer Pfanne ohne Fett bei mittlerer Hitze goldbraun rösten. In eine Schüssel umfüllen, leicht abkühlen lassen und grob hacken.

4.

Sobald der Grill die richtige Temperatur erreicht hat, den Käse mit der Marinade in einer Grillschale auf dem nicht zu heißen Grill von jeder Seite etwa 4 Minuten grillen.

5.

Jeweils etwas Trauben-Chutney auf Teller verteilen, den gegrillten Käse darauflegen und mit Cashewkernen bestreut servieren.

PFIRSICHE VOM GRILL MIT BLAUSCHIMMELKÄSE UND SALBEI

Leider garantieren unsere hiesigen Wetterverhältnisse keine gesicherte Pfirsichernte. Das süße Steinobst schmeckt von Juni bis September am besten, wenn es aus Italien, Spanien, Griechenland und Frankreich kommt. Gut, dass sich das mit der Grillsaison deckt! Probieren Sie auch einmal Pfirsiche vom Grill mit einer süßen Füllung als Dessert!

15 Minuten

FÜR 4 PERSONEN

4 Pfirsiche
100 g Blauschimmelkäse (siehe Tipp)
Salz
frisch gemahlener Pfeffer
2 EL Olivenöl, plus mehr für die Grillschale
4 TL Ahornsirup
8 Salbeiblätter

Außerdem:
Grillschale

1.
Den Grill für direktes Grillen anheizen. Die Pfirsiche halbieren und den Stein vorsichtig herausdrehen. Den Blauschimmelkäse zerbröckeln, bei Bedarf mit einer Gabel leicht zerdrücken. Mit Salz und Pfeffer würzen.

2.
Sabald der Grill die richtige Temperatur hat, die Grillschale mit Öl leicht fetten und auf dem Grill heiß werden lassen. Die Pfirsiche mit der Innenseite nach unten in die Grillschale legen und bei recht starker Hitze 2 Minuten grillen.

3.
Die Schale vom Grill nehmen, die Pfirsichhälften auf der Außenseite leicht mit Olivenöl bestreichen und wenden. Die Mulden mit dem Käse füllen, mit dem Ahornsirup beträufeln und mit je 1 Salbeiblatt belegen. Die Pfirsiche in der Grillschale wieder auf den heißen Grill stellen und weitere 2 Minuten bei starker Hitze grillen.

4.
Die Pfirsichhälften auf Teller verteilen und noch warm servieren.

GUTER BLAUSCHIMMELKÄSE
Falls Sie zum Füllen Gorgonzola – den italienischen Blauschimmelkäse – nehmen, können Sie zwei Varianten wählen. Der junge Gorgonzola dolce schmeckt mild und sahnig-frisch, der reifere Gorgonzola piccante ist – wie sein Name schon vermuten lässt – pikant-würzig. Alternativ können Sie auch einmal französischen Roquefort, englischen Stilton oder spanischen Valdeón versuchen.

GEGRILLTE MELONE MIT FRÜHLINGSZWIEBELN UND CURRYSALZ

Die Cavaillon-Melone zählt – wie die Cantaloupe-, die Galia- und die Chantelais-Melone – zu den Zuckermelonen. Den Namen verdankt sie ihrer Herkunft aus der Nähe der Stadt Cavaillon in Südost-Frankreich. Hier ist sie als Salat zubereitet mit gegrillter Wassermelone kombiniert.

30 Minuten

FÜR 4 PERSONEN

Für den Melonensalat:
1 Bund Frühlingszwiebeln
Salz (nach Belieben)
½ kleine Cavaillon-Melone
3 Stängel Minze
1 EL roter Portwein
1 Spritzer Limettensaft
½–1 TL Puderzucker
100 g Crème fraîche

Für die Grillmelone:
½ TL Meersalz
½ TL rotes Currypulver
abgeriebene Schale von ½ Bio-Limette
400 g Wassermelone (kernarm)
Pflanzenöl für den Rost
1–2 EL Puderzucker
fein gehackte Minze zum Garnieren

Außerdem:
Kugelausstecher (nach Belieben; siehe Tipp Seite 12)

1.

Den Grill für direktes Grillen anheizen. Für den Melonensalat die Frühlingszwiebeln in 4 cm große Stücke schneiden und nach Belieben in kochendem Salzwasser 4 Minuten blanchieren. Abgießen, kalt abschrecken und abtropfen lassen. Die Cavaillon-Melone entkernen. Mit dem Kugelausstecher kleine Perlen ausstechen oder etwas Fruchtfleisch in Stücke schneiden.

2.

Das restliche Fruchtfleisch mit dem Stabmixer pürieren. Die Minzeblätter abzupfen und fein hacken. Unter das Melonenpüree mischen. Mit Portwein, Limettensaft und Puderzucker abschmecken. Melonenpüree und Crème fraîche verrühren. Frühlingszwieblen und Melonenkugeln damit marinieren.

3.

Für die Grillmelone Salz, Currypulver und Limettenschale im Mörser mischen (siehe Tipp). Die Wassermelone in 2 cm dicke Scheiben schneiden und nach Belieben schälen.

4.

Sobald der Grill die richtige Temperatur hat, den Rost mit Öl leicht fetten. Die Melonenscheiben mit dem Puderzucker bestäuben und auf dem Grill von jeder Seite etwa 2 Minuten grillen. Mit dem Currysalz würzen.

5.

Melonensalat und Grillmelone auf Tellern anrichten. Mit gehackter Minze garniert servieren.

CURRYSALZ AUF VORRAT

Aromatisiertes Salz – wie hier das Currysalz – ist vielfach einsetzbar und schmeckt auch zu gegrilltem Gemüse oder Fleisch. Auch zum vorherigen Marinieren ist es bestens geeignet. In einem Schraubglas fest verschlossen hält es sich bis zu 3 Monate. Falls Sie die Schale von frischen Zitrusfrüchten verwenden und das Salz über einen längeren Zeitraum aufbewahren wollen, trocknen Sie die fein abgeriebene Schale vor dem Mörsern und Mischen mindestens 12 Stunden an der Luft.

FLAMMKUCHEN MIT PERLZWIEBELN, KARTOFFELN UND SAUERKRAUT

Ja, man kann auch Pizza und Flammkuchen grillen, allerdings braucht man dafür einen Grill mit verschließbarem Deckel und idealerweise einen Pizzastein. Alternativ lässt sich der Flammkuchen natürlich auch im Backofen zubereiten. Aber egal, ob Grill oder Ofen: Für einen perfekt knusprigen Boden lohnt sich ein Pizzastein in jedem Fall.

30 Minuten + 1 Stunde Gehzeit

FÜR 4 PERSONEN

Für den Teig:
375 g Mehl
15 g Hefe
1 Prise Zucker
150 ml Kefir
4 EL Olivenöl
Salz

Für den Belag:
400 g neue festkochende Kartoffeln
Salz
200 g vorgegartes Champagnersauerkraut
200 g eingelegte Perlzwiebeln (aus dem Glas)
1 Zweig Rosmarin
100 g Zucker
100 ml roter Portwein
1 Lorbeerblatt
4 EL Crème fraîche
4 EL Olivenöl
frisch gemahlener Pfeffer

Außerdem:
Pizzastein (siehe Tipp)

1.

Den Grill für indirektes Grillen anheizen. Den Pizzastein nach Anweisung des Herstellers im Backofen vorheizen. Für den Teig das Mehl in eine Schüssel sieben und in die Mitte eine Mulde drücken. Die Hefe hineinbröseln und mit Zucker bestreuen. 50 ml lauwarmes Wasser angießen und mit der Hefe verrühren. Etwas Mehl vom Rand darüber verteilen und den Vorteig zugedeckt 10 Minuten ruhen lassen.

2.

Danach Kefir, Öl und 1 TL Salz hinzufügen und alles zu einem glatten Teig kräftig verkneten. Den Teig in einer Schüssel mit einem sauberen Küchentuch zugedeckt an einem warmen Ort 1 Stunde gehen lassen.

3.
Inzwischen für den Belag die Kartoffeln schälen und in 5 mm dicke Scheiben schneiden. In kochendem Salzwasser etwa 5 Minuten vorgaren. Dann die Kartoffeln abgießen und kurz ausdampfen lassen.

4.
Das Sauerkraut in ein Sieb abgießen und gut abtropfen lassen, dabei leicht ausdrücken. Die Perlzwiebeln abgießen und trocken tupfen. Die Rosmarinnadeln abzupfen und fein hacken.

5.
Den Zucker in einer Pfanne bei mittlerer Hitze karamellisieren lassen. Die Perlzwiebeln dazugeben und alles mit dem Portwein ablöschen. Lorbeer dazugeben und den Zwiebelfond etwas einkochen lassen.

6.
Den Teig in vier gleich große Stücke teilen, sehr dünn ausrollen und auf Backpapier legen. Mit je 1 EL Crème fraîche bestreichen und Sauerkraut und Kartoffelscheiben darauf verteilen. Mit Perlzwiebeln und Rosmarin belegen und mit je 1 EL Olivenöl beträufeln. Mit Salz und Pfeffer würzen.

7.
Sobald der Grill die richtige Temperatur erreicht hat (optimal sind 210 °C), den heißen Pizzastein vorsichtig auf den Rost legen. Den Flammkuchen mit Backpapier auflegen, das Papier herausziehen, den Grilldeckel schließen und den Flammkuchen je nach Dicke von Boden und Belag etwa 10 Minuten grillen. Sofort servieren.

FÜR KNUSPRIGE TEIGBÖDEN
Pizzasteine gibt es in jedem Haushaltswarengeschäft und sogar vielen gut sortierten Supermärkten in verschiedenen Größen zu kaufen. Eine gute Alternative und wesentlich günstiger ist eine dünne Granitplatte aus dem Baumarkt. Falls Sie den Flammkuchen ohne Pizzastein grillen, muss der Teig direkt nach dem Ausrollen mit etwas Olivenöl bestrichen und vor dem Belegen auf dem Rost von jeder Seite 1 Minute vorgebacken werden.

OLIVENBROT VOM GRILL

Dieses Brot ist absolut vielfältig. Man kann es im Ofen oder auf dem Grill backen – egal, ob Holzkohle- oder Gasgrill. Einzige Voraussetzungen für ein optimales Ergebnis: Der Grill besitzt einen verschließbaren Deckel, er ist für indirektes Grillen vorbereitet und die Hitze ist nicht mehr allzu stark. Die Backzeit variiert dabei etwas, denn sie hängt stark vom Grill und der Hitze ab. Auch portioniert und als Stockbrot über dem offenen Feuer gebacken ist der Olivenbrotteig der Hit für den Ausklang eines gelungenen Grillabends.

1 Stunde + 1 Stunde Gehzeit

FÜR 1 BROT (CA. 1 KG)

1 Würfel Hefe (42 g)
2 EL Ahornsirup
5 Zweige Thymian
75 g schwarze Oliven (entsteint)
75 g Parmesan
60 ml Olivenöl
550 g Mehl
2 TL Salz

Außerdem:
Kastenbackform (ca. 30 cm Länge)

1.

Für den Teig die Hefe zerbröckeln und in 300 ml lauwarmem Wasser sowie Ahornsirup auflösen. Die Thymianblättchen abzupfen und fein schneiden. Die Oliven grob hacken. Den Parmesan fein reiben. Die Hefemischung mit 50 ml Öl verrühren. Das Mehl sieben und in der Küchenmaschine mit Thymian, Oliven, Parmesan und Salz mischen. Die Hefe-Öl-Mischung langsam einlaufen lassen, alles 3–4 Minuten zu einem glatten Teig verkneten, bis der Teig noch leicht klebrig, aber elastisch ist und sich vom Schüsselrand löst. Bei Bedarf etwas mehr Wasser oder Mehl hinzufügen.

2.

Die Kastenform mit dem restlichen Olivenöl fetten. Den Teig zu einer Rolle formen und in die Backform legen, mit einem sauberen Küchentuch zugedeckt an einem warmen Ort 1 Stunde gehen lassen.

3.

Inzwischen den Grill zum indirekten Grillen anheizen. Das Brot in der Form auf dem Grill über der kälteren Zone platzieren, den Deckel verschließen und das Brot 45–60 Minuten backen, bis es gebräunt und auf der Oberseite knusprig ist (siehe Tipp). Alternativ den Backofen auf 180 °C Umluft vorheizen und das Brot im Ofen auf mittlerer Schiene 45–60 Minuten backen.

4.

Das Brot vom Grill oder aus dem Ofen nehmen, etwas abkühlen lassen und noch warm aus der Form stürzen. Auf einem Kuchengitter lauwarm abkühlen lassen.

GARPROBE FÜR GEBÄCK

Um zu testen, ob das Brot durchgebacken ist, führen Sie mit einem langen Holzspieß die Garprobe durch: Den Spieß von oben bis in die Mitte des Brotes stechen und herausziehen – wenn am Spieß kein Teig haften bleibt, ist das Brot durchgebacken.
Tipp: Oliven und Parmesan lassen sich auch durch fein gehackte eingelegte Tomaten und zum Beispiel Pecorino oder einen anderen würzigen Hartkäse ersetzen.

STUDIO ONE
45
45
DUB
CRAZY

SONNTAGSBRATEN

Wenn's dann doch mal Fleisch sein darf

KALBFLEISCHFRIKADELLEN MIT KRAUTSALAT

In den USA darf zum Barbecue ein echter Coleslaw – das ist die dortige Bezeichnung für diesen Krautsalat – nicht fehlen. Anstelle von schwerer Mayonnaise bereite ich das Dressing allerdings mit Joghurt zu. Und Petersilie und Granatapfelkerne geben dem Krautsalat noch den Frischekick.

45 Minuten + 1 Stunde Marinierzeit

FÜR 4 PERSONEN

Für den Salat:
400 g Rotkohl
400 g Weißkohl
Salz
2 TL Zucker
3 EL Apfelessig
Saft von 1 Zitrone
2 Möhren
150 g griech. Joghurt (10 % Fett)
2 EL Honig
3 EL Olivenöl
frisch gemahlener Pfeffer
1 Granatapfel
1 TL Selleriesamen (siehe Tipp)
4 EL fein gehackte Petersilie

Für die Frikadellen:
3 Scheiben Toastbrot
200 g Sahne
2 Schalotten
4 Stängel Petersilie
1 EL Butter
1 Knoblauchzehe
400 g Kalbshackfleisch
1 Ei
½ TL gemahlener Koriander
Salz
frisch gemahlener Pfeffer
2 EL Butterschmalz
1 Zweig Thymian
1 Zweig Rosmarin

1.

Für den Krautsalat Rotkohl und Weißkohl ohne Strunk in feine Streifen schneiden. Getrennt voneinander in Schüsseln mit Salz bestreuen. Zucker, Essig und Zitronensaft verquirlen und über beiden Kohlsorten verteilen. Jeweils gut durchkneten und mindestens 1 Stunde ziehen lassen.

2.

Inzwischen für die Frikadellen das Brot entrinden und in Würfel schneiden, mit der Sahne übergießen und 10 Minuten ziehen lassen. Die Schalotten schälen und fein würfeln. Die Petersilienblätter abzupfen und fein hacken.
Die Butter in einer Pfanne erhitzen und die Schalotten darin bei mittlerer Hitze glasig anschwitzen. Den Knoblauch

schälen, in feine Würfel schneiden und ebenfalls 1 Minute mitschwitzen.

3.
Das Kalbshackfleisch in einer Schüssel mit Toast, Schalotten-Knoblauch-Mischung, Petersilie und Ei verkneten. Mit Koriander, Salz und Pfeffer abschmecken. Die Masse ruhen lassen.

4.
Für den Krautsalat die Möhren schälen und raspeln. Beide Kohlsorten abgießen, dabei die Flüssigkeit auffangen. Kohl und Möhren mischen. Joghurt, Honig, Öl und 2–3 EL Kohlflüssigkeit zu einem Dressing verrühren. Mit Salz und Pfeffer abschmecken. Salat und Dressing mischen und beiseitestellen.

Den Granatapfel halbieren, die Hälften in einer Schüssel mit Wasser auseinanderbrechen und die Kerne auslösen. In ein Sieb abgießen und gut abtropfen lassen.

5.
Für die Frikadellen die Hackfleischmasse mit angefeuchteten Händen zu gleichmäßig großen Frikadellen formen. Das Butterschmalz in einer Pfanne erhitzen und die Frikadellen mit Thymian und Rosmarin darin bei mittlerer Hitze langsam braten, dabei immer wieder mit Bratfett übergießen.

6.
Granatapfelkerne, Selleriesamen und 3 EL Petersilie unter den Salat heben. Nochmals alles mit Salz und Pfeffer abschmecken. Die Frikadellen auf Küchenpapier abtropfen lassen.

7.
Den Krautsalat auf Teller verteilen, die Frikadellen dazusetzen und mit restlicher Petersilie bestreut servieren.

SELLERIESAMEN
Das Geheimnis dieses Krautsalats sind die Selleriesamen. Sie besitzen ein kräftiges, feinherbes Aroma und sorgen im Krautsalat für das gewisse Etwas. Falls Ihnen die Selleriesamen fehlen und auch der Supermarkt sie nicht führt, können Sie sie über jede Apotheke bestellen.

KALBSLEBER »BERLINER ART« MIT KARTOFFEL-SCHALOTTEN-PÜREE

Die Kalbsleber »Berliner Art« ist ein absoluter Klassiker, der nicht nur bei mir sofort Kindheitserinnerungen weckt. Kalbsleber ist besonders zart und mild, darum gehört sie zu den besten und teuersten Leberarten. Beim Kauf sollte sie hell rötlich-braun sein und von zarter, aber fester Konsistenz.

45 Minuten

FÜR 4 PERSONEN

Für das Püree:
800 g mehligkochende Kartoffeln
Salz
400 g Schalotten
4 EL Mehl
2 TL mildes Currypulver
100 g Sahne
100 ml Milch
150 g Butter
frisch geriebene Muskatnuss
frisch gemahlener Pfeffer
300 ml Pflanzenöl

Für die Leber:
2 Äpfel (Sorte Cox Orange)
4 Scheiben Kalbsleber (à ca. 150 g)
2 EL Mehl
2 EL Butter
1 EL Öl
Salz
frisch gemahlener Pfeffer
2 TL Puderzucker

Außerdem:
Apfelausstecher
Kartoffelpresse

1.
Für das Püree die Kartoffeln schälen und je nach Größe halbieren oder vierteln. In kochendem Salzwasser 20 Minuten weich garen. Inzwischen die Schalotten schälen und in Ringe oder Würfel schneiden. Mehl und Currypulver mischen und mit den Schalotten vermengen. Die Schalotten in ein feines Sieb geben und überschüssiges Mehl abklopfen.

2.
Für die Leber die Äpfel mit dem Apfelausstecher entkernen, dann quer in 2 cm dicke Scheiben schneiden. Nach Belieben die Scheiben noch mit einem großen runder Ausstecher (6–7 cm Ø) gleichmäßig rund ausstechen. Den Backofen auf 70 °C Ober-/Unterhitze vorheizen.

3.
Die Kartoffeln abgießen und kurz ausdampfen lassen. Sahne, Milch und Butter erhitzen. Die Kartoffeln durch die Presse drücken und die heiße Sahne-Milch-Butter untermischen. (Für ein besonders feines Püree die Kartoffelmasse nach Belieben nochmals durch ein Sieb streichen.) Das Püree mit Muskat, Salz und Pfeffer abschmecken. Warm halten.

4.
Die Leberscheiben sorgfältig putzen und häuten, im Mehl wenden und überschüssiges Mehl abklopfen. Butter und Öl in einer Pfanne erhitzen und die Leber darin bei mittlerer Hitze von jeder Seite 2 Minuten rosa braten. Herausnehmen, mit Salz und Pfeffer würzen und im Ofen warm halten.

5.
Die Pfanne wieder erhitzen und die Äpfel darin bei mittlerer Hitze 1 Minute braten. Mit Puderzucker bestäuben, wenden und von der anderen Seite braten, bis der Zucker leicht karamellisiert. Im Ofen warm halten.

6.
Das Öl in einem Topf erhitzen und die Schalotten darin goldbraun frittieren. Herausheben, auf Küchenpapier abtropfen lassen und leicht salzen. Zwei Drittel der frittierten Schalotten unter das Püree heben. Jeweils etwas Püree auf die Teller geben, die Kalbsleber und Apfelringe darauf verteilen und mit übrigen Schalotten bestreuen.

RINDERROULADEN MIT SERVIETTENKNÖDEL

Rouladen sind ein traditionelles Gericht der deutschen Küche. In unserer schnelllebigen Welt nehmen sich allerdings nur noch wenige die Zeit für solche Schmorgerichte. Kurzgebratenes muss her, das sich rasch zubereiten lässt. Ich finde, wir sollten uns wieder häufiger mit Ruhe und Muße Traditionsgerichten wie diesem widmen – zumal die Rouladen am nächsten Tag noch mindestens genauso gut oder sogar besser schmecken.

2 Stunden

FÜR 4 PERSONEN

Für die Rouladen:
3 Zwiebeln
1 EL Pflanzenöl
4 Rinderrouladen (à ca. 200 g; aus der Oberschale)
2 EL scharfer Senf
Salz
frisch gemahlener Pfeffer
4 Essiggurken
4 dünne Scheiben durchwachsener Speck
1 Bund Suppengemüse (Lauch, Möhre, Sellerie)
2 EL Butterschmalz
1 EL Tomatenmark
250 ml kräftiger Rotwein
100 g Mehl
500 ml dunkler Rinderfond
1 Lorbeerblatt
1 Zweig Thymian
2 Pimentkörner
4 schwarze Pfefferkörner

Für den Knödel:
500 g altbackene Brötchen
120 g Schalotten
5 Stängel Petersilie
50 g Butter
300 ml Milch
4 Eier
frisch geriebene Muskatnuss
Salz
frisch gemahlener Pfeffer

Außerdem:
Zahnstocher oder Rouladennadeln
Küchengarn

1.

Für die Rouladen 2 Zwiebeln schälen und in Scheiben schneiden. Das Öl in einer Pfanne erhitzen und die Zwiebeln darin bei mittlerer Hitze glasig anschwitzen. Die Rouladen zwischen zwei Lagen Frischhaltefolie mit einem schwerem Pfannenboden gleichmäßig plattieren. Mit dem Senf bestreichen, salzen und pfeffern. Die Gurken in schmale Streifen schneiden. Speck, Zwiebeln und Gurken auf die Rouladen legen, die Seiten einklappen und die Rouladen fest einrollen. Mit Zahnstochern oder Rouladennadeln fixieren und nochmals mit Salz würzen.

2.

Das Suppengemüse bei Bedarf schälen und in grobe Würfel schneiden. Restliche Zwiebel schälen und in Streifen schneiden. Das Schmalz in einer Schmorpfanne erhitzen und die

Rouladen darin bei starker Hitze rundherum anbraten. Herausnehmen.

3.

Zwiebel und Suppengemüse in der Schmorpfanne bei mittlerer Hitze anschwitzen. Tomatenmark einrühren und anrösten. Ein Drittel des Rotweins dazugießen und einkochen lassen. Diesen Vorgang zweimal wiederholen, dann das Mehl unterrühren und den Fond angießen. Lorbeer, Thymian, Piment und Pfeffer dazugeben. Mit Salz würzen. Die Rouladen in den Fond legen und bei schwacher Hitze etwa 1 ½ Stunden weich schmoren.

4.

Inzwischen für den Knödel den Backofen auf 180 °C Umluft vorheizen. Die Brötchen in Würfel schneiden und die Hälfte auf einem Backblech im Ofen 10 Minuten goldgelb rösten. Die Schalotten schälen und fein würfeln. Petersilienblätter abzupfen und fein hacken. Die Butter in einer Pfanne erhitzen und die Schalotten darin bei mittlerer Hitze glasig anschwitzen.

5.

Die Brotwürfel aus dem Ofen nehmen und mit den übrigen Würfeln in einer Schüssel mischen. Milch erhitzen und über das Brot gießen. Schalotten mit flüssiger Butter, Petersilie und Eiern untermischen. Die Masse gut verkneten, mit Muskat, Salz und Pfeffer abschmecken und 30 Minuten ruhen lassen.

6.

In einem großen Topf reichlich Salzwasser aufkochen. Die Knödelmasse auf einem sauberen, feuchten Küchentuch zu einer Rolle formen, einwickeln, die seitlichen Tuchenden fest zusammendrehen und mit Küchengarn zubinden. Dabei die Garnenden mindestens 10 cm lang lassen. Die Knödelrolle an den Enden eines Holzkochlöffels festbinden und den Kochlöffel auf den Topfrändern ablegen, sodass die Rolle im Wasser schwimmt, ohne am Boden aufzuliegen. Die Hitze reduzieren und den Knödel 20 Minuten ziehen lassen. Herausnehmen, auswickeln und in Scheiben schneiden.

7.

Die Rouladen aus der Pfanne heben, Lorbeer und Thymian entfernen. Die Sauce mit dem Stabmixer pürieren, nochmals aufkochen und mit Salz und Pfeffer abschmecken. Rouladen und Knödelscheiben auf Tellern anrichten und mit Sauce beträufelt servieren.

GESCHMORTE OCHSENBÄCKCHEN MIT BÄRLAUCHRISOTTO

Bärlauch hat bei uns im Frühjahr von Ende März bis Mai Saison. Häufig gibt es ihn anschließend den Sommer über noch tiefgekühlt zu kaufen. Dann ist er geschmacklich zwar nicht ganz so aromatisch und intensiv, aber dennoch ein willkommener Ersatz für frischen Bärlauch. Wer ihn auch tiefgekühlt nicht findet, verwendet einfach glatte Petersilie.

3 Stunden

FÜR 4 PERSONEN

Für das Fleisch:
1 kg Ochsenbäckchen
Salz
frisch gemahlener Pfeffer
2 Zwiebeln
½ Sellerieknolle
2 Möhren
1 Petersilienwurzel
1 Lauchstange
2 EL Pflanzenöl
3 EL Tomatenmark
½ l Rotwein
4 EL Mehl
1 l dunkler Kalbsfond (ersatzweise Rinderbrühe)
1 Knoblauchzehe
1 Zweig Thymian
1 Zweig Rosmarin
1 Lorbeerblatt
3 EL kalte Butter (nach Belieben)

Für das Pesto:
1 Knoblauchzehe
250 g Bärlauch
50 g Pinienkerne
150 ml Olivenöl
60 g Parmesan

Für den Risotto:
2 Schalotten
50 g Butter
400 g Risottoreis
1 Schuss Weißwein
Salz
1 Lorbeerblatt
1,2 l heiße Gemüsebrühe
50 g frisch geriebener Parmesan
50 g Bärlauchpesto (siehe oben)
2 EL geschlagene Sahne
frisch gemahlener Pfeffer

1.
Den Backofen auf 170 °C Ober-/Unterhitze vorheizen. Die Ochsenbäckchen von Fett und Sehnen befreien. Mit Salz und Pfeffer würzen. Zwiebeln, Sellerie, Möhren und Petersilienwurzel schälen, Lauch putzen. Zwiebeln und Gemüse grob würfeln.

2.
Das Öl in einem Bräter erhitzen und das Fleisch darin bei starker Hitze rundherum scharf anbraten. Das Gemüse dazugeben und 2–3 Minuten mitrösten. Das Tomatenmark einrühren und rösten, bis es dunkelbraun wird. Ein Drittel des Rotweins dazugießen und einkochen lassen. Diesen Vorgang zweimal wiederholen. Mit Mehl bestäuben, Kalbsfond angießen (siehe Tipp), angedrückten Knoblauch, Thymian, Rosmarin und Lorbeer

dazugeben. Dann das Fleisch im Ofen 2 ½–3 Stunden offen schmoren, bis es schön weich ist. Dabei das Fleisch hin und wieder wenden.

3.

Inzwischen für das Pesto Knoblauch grob hacken. Bärlauch grob schneiden. Pinienkerne in einer Pfanne ohne Fett bei mittlerer Hitze goldgelb rösten. Dann abkühlen lassen. Pinienkerne, Olivenöl und Parmesan im Blitzhacker oder mit dem Stabmixer fein pürieren. Knoblauch und Bärlauch dazugeben und nochmals so lange mixen, bis alles fein zerkleinert ist (siehe Tipp). Mit Salz und Pfeffer abschmecken.

4.

Etwa 30 Minuten vor dem Servieren für den Risotto die Schalotten schälen und fein würfeln. Die Butter in einem Topf erhitzen und die Schalotten darin glasig anschwitzen. Den Reis dazugeben und ebenfalls glasig schwitzen. Mit Weißwein ablöschen, den Reis salzen, Lorbeerblatt dazugeben und mit 1 Kelle heißer Brühe auffüllen. Den Reis köcheln lassen, dabei regelmäßig umrühren. Sobald die Flüssigkeit fast vollständig aufgesogen ist, wieder 1–2 Kellen Brühe angießen. Diesen Vorgang so oft wiederholen, bis der Reis gar, aber noch bissfest ist.

5.

Das Fleisch aus der Sauce nehmen. Die Sauce durch ein feines Sieb in einen kleinen Topf gießen, nochmals aufkochen, salzen und pfeffern und nach Belieben mit kalten Butterwürfeln binden. Parmesan und Bärlauchpesto in den Risotto einrühren und die geschlagene Sahne unterheben. Zuletzt mit Salz und Pfeffer abschmecken.

6.

Den Risotto auf Teller verteilen, die Ochsenbäckchen dazusetzen und das Ganze mit Sauce beträufelt servieren.

WICHTIG

Die Ochsenbäckchen sollten zu Beginn des Garvorgangs im Ofen vollständig mit Flüssigkeit bedeckt sein. Falls der Fond nicht ausreicht, gegebenenfalls mit etwas heißem Wasser auffüllen. Sie können das Fleisch alternativ auch im Bräter auf dem Herd schmoren. Das Pesto sollte beim Mixen nicht warm werden, da es sonst an Farbe und Geschmack verliert.

DÜSSELDORFER SENFROSTBRATEN MIT BRATKARTOFFELN

So muss Hausmannskost sein: ehrlich, bodenständig, deftig. Ein Klassiker, auf den ich mich immer wieder freuen kann! Wieso der Senfbraten typisch für Düsseldorf ist? Vielleicht wegen des Senfs, den eine traditionsreiche Firma in dieser Stadt seit Langem fertigt …

50 Minuten

FÜR 4 PERSONEN

Für das Fleisch:
4 große Schalotten
3 EL Pflanzenöl
4 EL scharfer Senf
1 Eigelb
4 EL Panko-Mehl (asiat. Paniermehl; siehe Tipp)
1 EL fein geschnittener Estragon
1 EL fein geschnittene Petersilie
4 Rumpsteaks (à ca. 160 g)
Salz
Mehl zum Bestäuben

Für die Kartoffeln:
800 g vorgegarte Kartoffeln (mit Schale; am besten vom Vortag)
1 große Zwiebel
100 g durchwachsener Räucherspeck
1 Bund Schnittlauch
2–3 EL Pflanzenöl
Salz
frisch gemahlener Pfeffer

1.
Für das Fleisch die Schalotten schälen und fein würfeln. 2 EL Öl in einer Pfanne erhitzen und die Schalottenwürfel darin bei mittlerer Hitze anschwitzen. Abkühlen lassen.

2.
Für die Bratkartoffeln die Kartoffeln pellen und in Scheiben schneiden. Die Zwiebel schälen und in feine Würfel schneiden. Den Speck ebenfalls fein würfeln. Den Schnittlauch in feine Röllchen schneiden.

3.
Die Speckwürfel in einer kleinen Pfanne ohne Fett bei mittlerer Hitze auslassen. Die Zwiebelwürfel dazugeben und 2 Minuten anschwitzen. Das Öl in einer zweiten Pfanne erhitzen und die Kartoffelscheiben darin bei starker Hitze rundherum goldgelb braten. Den Backofen auf 80 °C Umluft vorheizen.

4.
Für die Senfkruste in einer Schüssel Schalotten, Senf, Eigelb, Panko-Mehl und Kräuter mischen. Die Steaks halbieren und mit Salz würzen. Dann die Steaks auf einer Seite mit der Schalotten-Senf-Masse bestreichen, dabei die Masse leicht andrücken.

5.
Das Fleisch mit etwas Mehl bestäuben. Das übrige Öl in einer ofenfesten Pfanne erhitzen und die Steaks darin auf der Schalotten-Senf-Seite bei schwacher Hitze 3 Minuten goldgelb anbraten. Mit einem Pfannenwender vorsichtig wenden, die Unterseite scharf anbraten und die Steaks im Ofen etwa 10 Minuten fertig garen.

6.
Speck und angeschwitzte Zwiebelwürfel unter die Bratkartoffeln heben. Mit Salz und Pfeffer würzen, dann die Schnittlauchröllchen bis auf einen kleinen Rest dazugeben.

7.
Die Bratkartoffeln auf Teller verteilen, die Steaks danebensetzen und mit den restlichen Schnittlauchröllchen bestreut servieren.

ASIATISCHES PANIERMEHL
Panko stammt aus Japan. Er wird aus Weißbrot ohne Kruste hergestellt und ist etwas leichter als unser Paniermehl, welches man ersatzweise aber auch verwenden kann. In der gehobenen Küche wird Panko gerne zum Panieren von Fleisch und Fisch benutzt. Erhältlich ist er im Asialaden.

RHEINISCHER SAUERBRATEN MIT BANDNUDELN

Ich finde es wichtig zu wissen, *was* ich einkaufe. Deswegen kommt für mich gar nichts anderes infrage, als die Marinade für einen Sauerbraten selbst zuzubereiten. Und ganz ehrlich: Das Einlegen des Fleischs dauert wirklich nicht viel länger, als es fertig vorbereitet zu kaufen. Es ist nur etwas mehr Vorlaufszeit nötig.

2 ½ Stunden + 3 Tage Marinierzeit

FÜR 4–6 PERSONEN

Für die Marinade:
1 Bund Suppengemüse (Lauch, Möhre, Sellerie)
100 g Zwiebeln
3 Lorbeerblätter
5 Nelken
10 Pimentkörner
300 ml Rotweinessig
1 l Rotwein

Für das Fleisch:
2 kg Rinderschaufel
2 EL Pflanzenöl
Salz
frisch gemahlener Pfeffer
100 g Tomatenmark
100 g Mehl
40 g Rosinen
4 EL Zuckerrübensirup

Für die Nudeln:
4–5 Eier
Salz
350 g Semola di grano duro (italienischer Hartweizengrieß)
100 g Hartweizengrieß
60 ml Olivenöl
Mehl für die Arbeitsfläche
2 EL Butter

Außerdem:
Nudelmaschine (nach Belieben)

1.

Für die Marinade Möhren, Sellerie und Zwiebeln schälen und in 2 cm große Würfel schneiden. Den Lauch putzen und fein schneiden. Für das Fleisch die Rinderschaufel von Fett und Sehnen befreien, waschen und trocken tupfen. Das Fleisch mit Gemüsewürfeln, Lorbeer, Nelken, Piment, Essig, Rotwein und 400 ml Wasser in eine Schüssel geben – das Fleisch sollte vollständig bedeckt sein. Zugedeckt 3 Tage kühl marinieren.

2.

Am Tag der Zubereitung den Backofen auf 180 °C Umluft vorheizen. Das Fleisch aus der Marinade heben und mit Küchenpapier trocken tupfen, die Marinade beiseitestellen. Das Öl in einem Schmortopf erhitzen und das

Fleisch darin bei starker Hitze von allen Seiten kräftig anbraten. Herausnehmen, mit Salz und Pfeffer würzen.

3.

Die Marinade durch ein feines Sieb gießen und in einer Schüssel auffangen. Das abgetropfte Gemüse im Schmortopf vom Fleisch anbraten. Das Tomatenmark unterrühren und kurz mitrösten. Mehrmals mit 1 Schuss Marinade ablöschen. Sobald der Bratensatz schön dunkelbraun ist, mit dem Mehl bestäuben. Die restliche Marinade dazugießen und alles gut verrühren. Das Fleisch in den Bräter zurücklegen und im Ofen etwa 2 Stunden garen. Währenddessen die Rosinen mit heißem Wasser bedecken und ruhen lassen.

4.

Inzwischen für die Nudeln die Eier in eine Schüssel aufschlagen, verquirlen und salzen. Semola, Hartweizengrieß und Öl dazugeben und alles zu einem glatten, geschmeidigen Teig kneten. Den Teig in Frischhaltefolie wickeln und 40 Minuten kühl ruhen lassen.

5.

Den Teig in mehrere Portionen teilen und mit den Händen nochmals kräftig durchkneten. Auf der leicht bemehlten Arbeitsfläche ausrollen, dann durch die verschiedenen Stufen der Nudelmaschine drehen. Alternativ den Teig mit dem Nudelholz weiter auswalzen. Den Teig mit einem Aufsatz der Nudelmaschine oder aufgerollt mit einem Messer in 1–2 cm breite Streifen schneiden.

6.

In einem großen Topf reichlich Salzwasser aufkochen. Die Nudeln bei mittlerer Hitze je nach Dicke 5–9 Minuten garen.

7.

Inzwischen das Fleisch aus dem Bräter heben. Den Sud durch ein feines Sieb in einen Topf gießen. Die Rosinen abgießen. Zuckerrübensirup und Rosinen zum Sud geben, mit Salz und Pfeffer abschmecken. Die Nudeln in ein Sieb abgießen und abtropfen lassen. Die Butter in einer Pfanne erhitzen und die Nudeln darin kurz durchschwenken. Den Braten in Scheiben schneiden, mit den Nudeln auf Teller verteilen und mit der Sauce beträufelt servieren.

GRÜNKOHL MIT KASSELER UND METTWURST

Bei Niedertemperatur gegart, wird das Kasseler butterzart und besonders saftig. Ich brate es in diesem Fall auch gar nicht an, da man gepökeltes Fleisch wegen der Gefahr der Nitrosaminbildung ganz allgemein nicht so stark erhitzen, das heißt scharf braten oder grillen, sollte.

2 Stunden

FÜR 4 PERSONEN

Für das Fleisch:
800 g Kasseler (ohne Knochen)
4 geräucherte Mettwürste

Für den Kohl:
800 g Grünkohl
2 Zwiebeln
100 g Schweineschmalz
200 ml Rinderbrühe
Salz
frisch gemahlener Pfeffer
1–2 TL Speisestärke (bei Bedarf)

Außerdem:
Fleischthermometer (siehe Tipp)

1.
Für das Fleisch den Backofen auf 90 °C Umluft vorheizen. Das Kasseler im Ofen auf einem Gitter über einem tiefen Backblech 1¾–2 Stunden garen (bis zu Kerntemperatur 62 °C).

2.
Inzwischen den Grünkohl putzen, vom harten Strunk befreien und in kleine Stücke zupfen. Die Zwiebeln schälen und in feine Streifen schneiden. Das Schmalz in einem Topf erhitzen und die Zwiebeln darin bei mittlerer Hitze glasig anschwitzen.

3.
Den Grünkohl dazugeben und kurz mitschwitzen. Mit der Brühe auffüllen und mit Salz und Pfeffer würzen. Den Grünkohl etwa 1½ Stunden weich garen. Kurz vor Ende der Garzeit die Mettwürste mitgaren.

4.
Falls der Kohl zu flüssig ist, die Speisestärke mit wenig kaltem Wasser glatt rühren und den Kohl damit binden. Abschließend nochmals alles mit Salz und Pfeffer abschmecken. Den Kasselerrücken aus dem Ofen nehmen und mit den Mettwürsten in Scheiben schneiden.

5.
Den Grünkohl mit den Mettwürsten auf Teller verteilen und mit den Kasselerscheiben servieren.

KERNTEMPERATUR
Beim Stichwort »Fleischthermometer« zucken möglicherweise einige zusammen, weil es teuer und kompliziert erscheint. Dabei gibt es im Grunde keine einfachere und sicherere Methode, um Fleisch auf den Punkt zu garen. Bereits der Kauf eines einfachen analogen Bratenthermometers reicht vollkommen aus. Diese gibt es im Handel schon für unter 10 Euro. Probieren Sie es einmal aus, Sie werden begeistert sein.

ITALIENISCHES SCHWEINEKOTELETT MIT RÖSTKARTOFFELN

Die Röstkartoffeln könnte man eigentlich prima im Backofen zubereiten. Da allerdings schon das Kotelett im Ofen gart, ist dort kein Platz mehr für sie. Also koche ich sie erst und brate sie dann mit aromatischem Rosmarin einfach noch kurz in der Pfanne an.

40 Minuten

FÜR 4 PERSONEN

Für die Kartoffeln:
800 g sehr kleine Drillinge
Salz
3 EL Olivenöl
1 Spritzer Zitronensaft
2 Zweige Rosmarin
Fleur de Sel

Für das Fleisch:
2 Tomaten
1 Büffelmozzarella (125 g)
40 g getrocknete Tomaten (in Öl)
1 kleine Handvoll schwarze Oliven
1 Knoblauchzehe, fein gewürfelt
Salz
frisch gemahlener Pfeffer
4 Schweinekoteletts (à ca. 160 g)
4 große Salbeiblätter
4 Scheiben Parmaschinken
4 EL Pflanzenöl

Außerdem:
4 Zahnstocher (nach Belieben)

1.
Die Kartoffeln mit der Schale in Salzwasser etwa 20 Minuten noch leicht bissfest garen.

2.
Inzwischen für das Fleisch die Tomaten auf der Unterseite kreuzweise einritzen und mit kochendem Wasser überbrühen. Nach 1 Minute herausheben und kalt abschrecken. Haut abziehen, Tomaten halbieren, entkernen und ohne Stielansatz fein würfeln. Mozzarella und eingelegte Tomaten abtropfen lassen. Beides mit den Oliven fein hacken. Mit den frischen Tomatenwürfeln mischen. Den Knoblauch unterheben und alles mit Salz und Pfeffer abschmecken.

3.
In die Koteletts mit einem spitzen, scharfen Messer horizontal in der Mitte jeweils bis kurz vor den Knochen eine Tasche einschneiden. Das Fleisch salzen. Die Taschen mit der Tomaten-Mozzarella-Mischung füllen. Je 1 Salbeiblatt darauflegen und mit 1 Schinkenscheibe umwickeln. Nach Belieben mit je 1 Zahnstocher fixieren. Den Backofen auf 90 °C Ober-/Unterhitze vorheizen.

4.
Das Öl in einer Pfanne erhitzen und das Fleisch darin bei starker Hitze rundherum kurz anbraten, mit Pfeffer würzen. Die Koteletts in einer flachen Auflaufform im Ofen etwa 15 Minuten rosa garen.

5.
Inzwischen die Kartoffeln abgießen und kurz ausdampfen lassen. Dann in einer Schüssel mit Öl, Zitronensaft und abgezupften Rosmarinnadeln mischen. Eine Pfanne sehr heiß werden lassen, Kartoffeln samt Öl und Rosmarin hineingießen und rundherum braun anbraten, dabei großzügig mit Fleur de Sel bestreuen.

6.
Das Fleisch aus dem Ofen nehmen und einige Minuten ruhen lassen, dann mit den Röstkartoffeln servieren. Dazu passt grüner Salat (siehe Tipp).

SALATBEILAGE
4 kleine Romanasalatherzen in mundgerechte Stücke zupfen. 1 Schalotte schälen und in feine Würfel schneiden. 1 EL Tomatenessig, 3 EL Olivenöl und 1 EL Geflügelfond verquirlen und mit je 1 Prise Zucker, Salz und Pfeffer abschmecken. Die Salatblätter mit der Vinaigrette gründlich mischen. 50 g Pinienkerne in einer Pfanne ohne Fett goldbraun rösten und zum Servieren den Salat damit bestreuen.

LAMMKOTELETTS MIT ZWIEBELKONFITÜRE UND GEBRATENEM SALAT

Die Zwiebelkonfitüre schmeckt nicht nur zu diesem Gericht super. Sie ist zum Beispiel auch auf einer Scheibe frischem geröstetem Sauerteigbrot mit Ziegenfrischkäse ein Gedicht. Am besten bereiten Sie daher gleich die doppelte Portion zu. Heiß in ein Einmachglas gefüllt und gut verschlossen hält sich die Konfitüre mehrere Wochen.

1 ¼ Stunden

FÜR 4 PERSONEN

Für die Konfitüre:
4 rote Zwiebeln
100 g Zucker
100 ml roter Portwein
200 ml Rotwein
3 EL Himbeeressig
300 ml Gemüsebrühe
1 Lorbeerblatt
Salz

Für den Salat:
4 kleine Romanasalatherzen
1 Schalotte
5 EL Olivenöl
1 TL Zucker
2 EL Himbeeressig
2 EL Gemüsebrühe
1 TL Kapernsud
1 EL Kapern
Salz
frisch gemahlener Pfeffer

Für das Fleisch:
800 g Lammkoteletts
2 Zweige Zitronenthymian
1 Knoblauchzehe
100 g Panko-Mehl (asiat. Paniermehl; siehe Tipp Seite 165)
2 Eier
Salz
frisch gemahlener Pfeffer
50 g Mehl
200 ml Pflanzenöl

1.

Für die Konfitüre die Zwiebeln schälen und fein würfeln. Den Zucker in einer Pfanne bei mittlerer Hitze karamellisieren. Die Zwiebeln dazugeben und mit Portwein, Rotwein und Himbeeressig ablöschen. Gemüsebrühe, Lorbeer und 1 Prise Salz hinzufügen. Die Zwiebeln etwa 1 Stunde weich garen, bis der Sud fast vollständig eingekocht ist.

2.

Inzwischen für den Salat die Herzen der Länge nach halbieren. Die Schalotte schälen und fein würfeln. 1 EL Olivenöl in einer Pfanne erhitzen und die Schalotte darin bei mittlerer Hitze glasig anschwitzen. Den Zucker einstreuen und leicht karamellisieren. Mit Essig, Brühe und Kapernsud ablöschen. Die Pfanne vom Herd nehmen. Die Kapern grob hacken

und mit 2 EL Olivenöl dazugeben. Alles gut verquirlen und mit Salz und Pfeffer abschmecken.

3.

Den Lorbeer aus der Konfitüre entfernen und die Zwiebeln abkühlen lassen. Inzwischen für das Fleisch die Lammkoteletts waschen und trocken tupfen. Die Thymianblättchen abzupfen, den Knoblauch schälen. Beides fein hacken und mit dem Panko-Mehl mischen. Die Eier verquirlen.

4.

Die Koteletts mit Salz und Pfeffer würzen. Erst im Mehl wenden, überschüssiges Mehl abklopfen, dann durch die verquirlten Eier ziehen und abschließend in den Thymian-Knoblauch-Bröseln wenden.

5.

Das Öl in zwei Pfannen erhitzen und die Koteletts darin bei starker Hitze je nach Dicke von jeder Seite etwa 3 Minuten knusprig braten. Die Lammkoteletts sollten innen noch rosa sein. Herausnehmen, auf Küchenpapier abtropfen und kurz ruhen lassen. Inzwischen für den Salat das restliche Olivenöl in einer Pfanne erhitzen und die Salatherzen darin auf der Schnittfläche bei starker Hitze 1–2 Minuten braten.

6.

Die Lammkoteletts auf Teller verteilen. Die Salatherzen mit der Schnittfläche nach oben neben den Koteletts anrichten und alles mit der Schalotten-Kapern-Vinaigrette beträufelt servieren. Die rote Zwiebelkonfitüre ebenfalls dazu reichen.

7.

Wer es etwas deftiger mag, serviert statt der Salatherzen ein Bohnenragout (siehe Tipp) und ein paar Röstkartoffeln (siehe Rezept Seite 170/171) zu den Lammkoteletts.

BOHNENRAGOUT

400 g Prinzessbohnen in kochendem Salzwasser 6–8 Minuten blanchieren. Abgießen und kalt abschrecken. 3 Strauchtomaten halbieren, entkernen und ohne Stielansatz in Würfel schneiden. 1 Schalotte schälen und würfeln. 2 EL Olivenöl in einer Pfanne erhitzen und die Schalotte darin mit 2 Zweigen Zitronenthymian bei mittlerer Hitze glasig anschwitzen. Die Bohnen dazugeben und kurz mitgaren. Tomaten unterheben und das Ragout mit Salz und Pfeffer abschmecken.

GUTES FLEISCH – ETWAS BESONDERES

Inzwischen entscheiden sich ja immer mehr Menschen aus gesundheitlichen oder ethischen Gründen dazu, auf Fleisch zu verzichten oder zumindest auf ihren Fleischkonsum zu achten und ihn zu reduzieren. Ich finde das gut und richtig so. Und ich finde, wenn man hin und wieder Fleisch genießt, dann sollte es etwas ganz Besonderes sein. Den Geschmack hochwertiger Fleisch- und Fischprodukte müssen wir dafür auch wieder mehr schätzen lernen.

WO BEKOMME ICH GUTES FLEISCH?

Um an gutes Fleisch zu kommen, solle man die Augen und Ohren offen halten: Welche Metzger schlachten noch selbst? Wer bietet Fleisch von Tieren aus artgerechter Haltung an? Wo gibt es in der Nähe Bio-Höfe, die noch bestimmte Rassen halten, wie zum Beispiel das Schwäbisch Hällische Schwein? Wenn es um gutes Fleisch geht, will ich nicht an der falschen Stelle sparen und nehme auch einen Umweg in Kauf.

JEDES STÜCK IST WERTVOLL

Einige meiner Freunde sind inzwischen dazu übergegangen, das Fleisch ganzer oder halber Tiere, teilweise auch zu mehreren gemeinsam, direkt vom Bio-Bauern aus der Umgebung zu kaufen. Das ist wirklich eine super Sache, auch weil man so dazu gezwungen ist, ein Schwein als ganzes Tier zu betrachten und auch zu verwerten. Die verschiedenen Teile wandern in die Tiefkühltruhe und werden nach und nach verbraucht.

Und so kommen wir auch dem Thema »Sonntagsbraten« wieder viel näher, denn hierfür können ganz unterschiedliche Fleischstücke verwendet werden. Lassen Sie es uns wieder etwas mehr so machen wie unsere Eltern und Großeltern und uns an ihre Küchenklassiker erinnern. Ein Tier ist in all seinen Teilen wertvoll. Ich überlege mir wirklich häufig, was es jenseits der Filets für Möglichkeiten gibt. Gekonnt zubereitet sind Leber oder Bäckchen großartige Stücke, man muss sich nur an ihre Verarbeitung herantrauen. Selbst aus Knochen und Karkassen lassen sich noch tolle Fonds herstellen.

ARTGERECHTE HALTUNG, WIE SIE SEIN SOLLTE

Haben Sie schon mal von den Schwarzhufschweinen (Pata negra) gehört? Diese werden in der spanischen Extremadura gezüchtet und draußen im Freien gehalten. Sie suchen selbst Eicheln und Gräser und ruhen im Schatten alter Bäume. So was finde ich super, genauso, denke ich mir, sollte artgerechte Haltung funktionieren. Hier dauert es zwar etwas länger, bis die Tiere dieselbe Menge Fleisch angesetzt haben wie Stalltiere. Dafür müssen sie mit sehr viel weniger Medikamenten behandelt werden, weil die Gefahr von Infekten und Krankheiten wesentlich niedriger ist.

Wie beim Fleisch sieht es auch beim Fisch aus: Die beste Qualität haben Fische aus Wildfang, da sie ganz natürlich groß geworden sind. Viele Arten sind allerdings inzwischen vom Aussterben bedroht, daher achte ich darauf, welche Fische ich kaufe und dass diese aus nachhaltiger Fischerei stammen. Tiere aus Aquakulturen hingegen haben häufig kaum Bewegungsfreiheit, wachsen in Zuchtbecken auf und sind mit Antibiotika vollgepumpt. Bio-Aufzucht bringt den Tieren bessere Bedingungen und dem Menschen besseren Geschmack.

ANGLER, BRILLENSCHAF UND BUNTES BENTHEIMER

Ich kaufe besonders gerne Stücke von alten Nutztierrassen, wie dem Angler Rind, dem Brillenschaf, dem Bunten Bentheimer Schwein oder dem Augsburger Huhn. Glücklicherweise bemühen sich einige Züchter mittlerweile vermehrt um einen Erhalt der Rassenvielfalt, auch wenn die Aufzucht nicht ganz so »wirtschaftlich« ist wie die gängiger Kreuzungs- und Masttiere. Beim Geschmack lohnt es sich aber auf jeden Fall.

ES KOMMT DRAUF AN, WAS MAN DRAUS MACHT

Bei Fleisch hängt es wirklich immer sehr davon, mit welchem Tier und mit welchem Teilstück man es zu tun hat und was man daraus zubereiten möchte. Bei Rindersteak ist es mir zum Beispiel wichtig, dass es schön marmoriert, also von Fett durchzogen ist. Gutes Rind- wie auch Lammfleisch zeichnet sich durch eine kräftig rote Farbe aus. Bei Kalb- und Schweinefleisch ist zu viel Blässe kein gutes Zeichen. Zum Schmoren verwende ich Stücke, die schön von Sehnen und Fett durchzogen sind, wie Schulter und Nacken. Diese werden durch langes Schmoren superzart und zergehen förmlich auf der Zunge. Wie schon gesagt: Jedes Stück ist wertvoll, man muss nur das Richtige damit machen.

MAISPOULARDE IN DER PARMESANHÜLLE MIT TOMATENSAUCE UND GNOCCHI

Hier gibt die Käsehülle dem Fleisch die besondere Würze. Für eine leichtere Version des Gerichts können Sie auf das Umhüllen des Fleischs selbstverständlich auch verzichten.

1 Stunde

FÜR 4 PERSONEN

Für die Gnocchi:
750 g mehligkochende Kartoffeln
Salz
150 g Mehl
30 g Hartweizengrieß
2 Eier
frisch geriebene Muskatnuss
2 EL Butter

Für die Sauce:
600 g Tomaten
2 Zwiebeln
2 Knoblauchzehen
5 Stängel Basilikum
4 EL Olivenöl
1 TL Zucker
1 EL Tomatenmark
100 ml Tomatensaft
Salz
frisch gemahlener Pfeffer
1 Lorbeerblatt

Für das Fleisch:
4 Poulardenbrustfilets (à ca. 130 g)
80 g Parmesan
2 Eier
Salz
frisch gemahlener Pfeffer
8 EL Olivenöl
2–3 EL Mehl

Außerdem:
Kartoffelpresse

1.
Für die Gnocchi die Kartoffeln mit Schale in Salzwasser etwa 20 Minuten gar kochen. Inzwischen für die Sauce die Tomaten vierteln und den Stielansatz entfernen. Zwiebeln und Knoblauch schälen und fein würfeln. Die Basilikumblätter abzupfen.

2.
Das Öl in einem Topf erhitzen und die Zwiebeln darin bei mittlerer Hitze glasig anschwitzen. Knoblauch dazugeben und mitschwitzen. Den Zucker einstreuen und leicht karamellisieren. Das Tomatenmark einrühren und kurz anrösten. Tomaten und Tomatensaft hinzufügen. Alles mit Salz und Pfeffer abschmecken. Das Lorbeerblatt dazugeben. Die Sauce bei schwacher Hitze 30–40 Minuten köcheln lassen.

3.

Inzwischen die Kartoffeln abgießen und kurz ausdampfen lassen. Noch heiß pellen und durch die Presse drücken. Sofort mit Mehl, Grieß und Eiern mischen und die Masse mit Muskat und Salz abschmecken. Die Masse zu einem glatten Teig verarbeiten. Bei Bedarf mehr Mehl dazugeben. Die Masse einige Minuten ruhen lassen.

4.

Für das Fleisch die Poulardenbrustfilets waschen, trocken tupfen und horizontal halbieren, also in zwei dünnere Scheiben schneiden. Die Scheiben zwischen zwei Lagen Frischhaltefolie mit der flachen Seite des Fleischklopfers vorsichtig plattieren. Den Parmesan fein reiben und mit den Eiern verquirlen, salzen und pfeffern.

5.

Aus dem Gnocchiteig etwa 2 cm breite Rollen formen. Von den Rollen etwa daumenbreite Stücke abschneiden und zu Gnocchi formen. Die Gnocchi in siedendem Salzwasser etwa 3 Minuten gar ziehen lassen, bis sie an die Oberfläche steigen. Dann mit einem Schaumlöffel herausheben und abtropfen lassen.

6.

Für das Fleisch das Olivenöl in zwei tiefen Pfannen erhitzen. Die Poulardenschnitzel rundherum mit Salz und Pfeffer würzen. Erst im Mehl wenden, dann durch die Parmesan-Eier-Mischung ziehen und im heißen Fett von beiden Seiten etwa 5 Minuten goldgelb braten. Dabei bei Bedarf portionsweise braten.

7.

Inzwischen das Lorbeerblatt aus der Sauce nehmen und die Basilikumblätter dazugeben. Alles mit dem Stabmixer pürieren und nach Belieben durch ein feines Sieb streichen. Die Sauce nochmals abschmecken.
Die Poulardenschnitzel aus der Pfanne nehmen und auf Küchenpapier abtropfen lassen. Für die Gnocchi die Butter in einer Pfanne erhitzen und die Gnocchi kurz darin schwenken.

8.

Die Schnitzel auf Teller verteilen, die Gnocchi daneben anrichten und mit Tomatensauce beträufelt servieren.

CORDON BLEU VON DER PUTE MIT STEINPILZEN UND ROTEM KARTOFFELGRATIN

Ich liebe Karotoffelgratins, weil sie sich so vielseitig abwandeln lassen. Für eine asiatische Variante zum Beispiel verwende ich statt des Pestos 1 TL rote Currypaste und ersetze die Sahne durch Kokosmilch. Vor dem Servieren dann noch mit gehacktem Koriandergrün bestreuen. Probieren Sie's mal aus! Wer will, brät hier noch ein paar ganze Steinpilzscheiben mit und garniert die Cordons bleus damit.

1 Stunde

FÜR 4 PERSONEN

Für das Gratin:

800 g vorwiegend festkochende Kartoffeln
2 Schalotten
1 EL Olivenöl
300 g Sahne
2–3 EL rotes Pesto
Salz, frisch gemahlener Pfeffer
1 EL Butter für die Formen
4 EL fein geriebener Bergkäse

Für das Fleisch:

4 dicke Putensteaks (à ca. 170 g)
100 g Steinpilze
100 g Lauch
50 g durchwachsener Räucherspeck
Salz, frisch gemahlener Pfeffer
2 EL Olivenöl
2 EL Dijonsenf
100 g Weißbrotbrösel
50 g flüssige Butter

Außerdem:

Zahnstocher
4 kleine oder 1 große Auflaufform

1.

Den Backofen auf 180 °C Umluft vorheizen. Für das Gratin die Kartoffeln schälen und am besten auf dem Küchenhobel in sehr dünne Scheiben schneiden. Die Schalotten schälen und fein würfeln. Das Öl in einem kleinen Topf erhitzen und die Schalottenwürfel darin bei mittlerer Hitze glasig anschwitzen. Sahne und Pesto einrühren, alles kurz aufkochen und mit Salz und Pfeffer abschmecken.

2.

Die Formen mit etwas Butter leicht fetten. Die Kartoffelscheiben auf einem sauberen Küchentuch abtropfen lassen und in die Formen schichten. Die Sahnemischung gleichmäßig darüber verteilen und die Gratins im Ofen etwa 45 Minuten backen.

3.

Inzwischen für das Fleisch die Putensteaks waschen, trocken tupfen und horizontal eine Tasche hineinschneiden. Die Steinpilze putzen und in feine Würfel schneiden. Den Lauch putzen und in feine Ringe schneiden. Den Speck fein würfeln und in einer Pfanne ohne Fett bei mittlerer Hitze auslassen. Lauch und Steinpilze dazugeben. Alles anschwitzen, mit Salz und Pfeffer abschmecken und abkühlen lassen.

4.

Die Putenschnitzel mit der Lauch-Pilz-Mischung füllen und die Öffnung mit einem Zahnstocher verschließen. Das Öl in einer Pfanne erhitzen und das Fleisch darin von beiden Seiten goldbraun anbraten. Mit Salz und Pfeffer würzen. Dann jeweils eine Seite mit Senf bestreichen und in die Weißbrotbrösel drücken.

5.

5–10 Minuten vor Ende der Garzeit das Gratin mit dem Käse bestreuen und weiterbacken. Die Grillfunktion des Ofens einschalten. Das Fleisch mit der flüssigen Butter beträufeln, mit in den Ofen stellen und unter dem Grill die letzten Minuten knusprig backen. Gratin und Fleisch herausnehmen und gemeinsam servieren. Dazu passt ein grüner Salat (siehe Tipp Seite 170).

ENTENBRUST MIT TANDOORI-HONIG-GLASUR UND WÜRZREIS

Durch das rautenförmige Einschneiden der Entenhaut lässt sich das Fett besser ausbraten. Das macht die Haut knuspriger und das Gericht weniger mächtig. Achten Sie beim Kauf auf weibliche Entenbrustfilets, deren Fleisch ist zarter.

1 Stunde

FÜR 4 PERSONEN

Für das Fleisch:
4 Entenbrustfilets (à ca. 160 g)
1 TL Butterschmalz
Salz
frisch gemahlener Pfeffer
3 EL fein gehacktes Koriandergrün

Für die Glasur:
200 ml Kalbsfond
40 ml Ketjap Manis (indones. süße Sojasauce)
50 ml Sojasauce
60 g rote Tandoori-Paste
80 g Honig
1 TL Speisestärke

Für den Reis:
2 Schalotten
2 EL Erdnussöl
1 Handvoll Sultaninen
2 Kardamomkapseln
2 Nelken
1 Sternanis
250 g Basmatireis
500–750 ml Gemüsebrühe
100 g Cashewkerne

Außerdem:
Fleischthermometer

1.

Für das Fleisch den Backofen auf 80 °C Ober-/Unterhitze vorheizen. Die Entenbrustfilets waschen, trocken tupfen und die Hautseite rautenförmig einschneiden. Butterschmalz in einer ofenfesten Pfanne erhitzen und das Fleisch darin auf der Hautseite braten, bis diese schön knusprig ist. Wenden und auf der Fleischseite kurz heiß anbraten. Mit Salz und Pfeffer würzen. Die Pfanne in den Ofen schieben und das Fleisch 35–45 Minuten garen (bis zu einer Kerntemperatur von 57 °C).

2.

Inzwischen für die Glasur den Kalbsfond in einem kleinen Topf aufkochen und auf ein Viertel einkochen lassen.

Für den Reis die Schalotten schälen und fein würfeln. Das Erdnussöl in einem Topf erhitzen und die Schalotten darin mit Sultaninen, Kardamom, Nelken und Sternanis bei mittlerer Hitze anschwitzen. Den Reis dazugeben und kurz mitschwitzen. 500 ml Brühe dazugießen und alles aufkochen. Den Reis zugedeckt bei schwacher Hitze etwa 15 Minuten garen. Falls er zu trocken wird, noch etwas Brühe nachgießen.

3.

Die Cashewkerne in einer Pfanne ohne Fett goldbraun rösten und abkühlen lassen. Etwa 5 Minuten vor Ende der Garzeit unter den Reis heben. Für die Glasur Ketjap Manis, Sojasauce, Tandoori-Paste und Honig zum Fond geben. Alles aufkochen. Die Speisestärke mit wenig kaltem Wasser glatt rühren und die Sauce damit recht dick binden – sie muss später auf der Entenbrust haften bleiben.

4.

Die Entenbrust aus dem Ofen nehmen. Die Grillfunktion einschalten. Das Fleisch mit der Glasur bestreichen und unter dem Grill noch 4 Minuten braten. Die Entenbrust aus dem Ofen nehmen und zugedeckt 5 Minuten ruhen lassen, dann aufschneiden. Kardamom, Nelken und Sternanis aus dem Würzreis entfernen. Den Reis auf Teller verteilen, die Entenbrustscheiben danebensetzen, mit etwas restlicher Glasur beträufeln und mit Koriandergrün bestreut servieren. Ideal dazu passt eine Sesamsauce (siehe Tipp).

SESAMSAUCE

2 EL helle oder schwarze Sesamsamen in einer Pfanne in 3 EL Sesamöl rösten. Mit je 50 ml Weißwein, Sojasauce und Ketjap Manis ablöschen, auf die Hälfte einkochen. 400 ml Geflügelfond angießen und köcheln lassen, bis die Sauce kräftig schmeckt. Mit 1–2 TL Speisestärke (mit wenig kaltem Wasser glatt gerührt) binden. Mit 2–3 EL Sweet Chili Sauce würzen.

KROSS GEBRATENER SEESAIBLING MIT RAHMSAUERKRAUT

Seesaibling eignet sich für dieses Gericht besonders gut, denn er hat ein festes, lachsfarbenes Fleisch mit leicht mineralischem Geschmack. Ideal, um es kross zu braten, und der perfekte Partner für das herbe Sauerkraut.

45 Minuten

FÜR 4 PERSONEN

Für das Kraut:
800 g vorgegartes Weinsauerkraut
1 Lorbeerblatt
2 Wacholderbeeren
½ TL Kümmelsamen
2 Äpfel (Sorte Cox Orange; siehe Seite 57)
2 Schalotten
100 g durchwachsener Räucherspeck
2 EL Schweineschmalz
1 Prise Zucker
50 ml Weißwein
200 g Sahne
Salz
frisch gemahlener Pfeffer
100 g helle Weintrauben (kernlos)
100 g Schmand

Für den Fisch:
1 kg Seesaiblingsfilet (mit Haut, ohne Gräten)
50 g Mehl
2 EL Pflanzenöl
2 EL Butter
2 Zweige Thymian
Saft von 1 Limette
Fleur de Sel

1.

Das Sauerkraut in einem Sieb abtropfen lassen. Lorbeer, Wacholder und Kümmel in einen Einmalteebeutel (siehe Tipp) füllen und die Öffnung mit Küchengarn verschließen. Die Äpfel schälen, vierteln, entkernen und in dünne Spalten schneiden. Die Schalotten schälen und in Streifen schneiden. Den Speck fein würfeln.

2.

Das Schmalz in einem Topf erhitzen und Schalotten und Äpfel darin anschwitzen. Den Zucker einstreuen und leicht karamellisieren. Das Sauerkraut dazugeben und mit dem Weißwein ablöschen. Speck und Gewürzbeutel hinzufügen und die Sahne angießen. Mit Salz und Pfeffer würzen und das Sauerkraut zugedeckt bei niedriger bis mittlerer Hitze 20 Minuten garen.

3.

Inzwischen die Trauben halbieren. Für den Fisch das Saiblingsfilet waschen, trocken tupfen und in Portionsstücke teilen. Die Haut mit jeweils vier Schnitten ganz leicht einritzen. Den Fisch im Mehl wenden. Das Öl in einer Pfanne erhitzen und den Fisch darin auf der Hautseite braten, bis die Haut knusprig ist. Den Fisch wenden. Butter und Thymian dazugeben. Den Fisch in der Pfanne kurz ziehen lassen, dabei immer wieder mit der Thymianbutter übergießen.

4.

Den Teebeutel aus dem Sauerkraut entfernen, Trauben und Schmand unter das fertige Kraut heben und alles nochmals abschmecken. Das Sauerkraut auf Teller verteilen und den Seesaibling daneben anrichten. Mit Limettensaft beträufeln und mit Fleur de Sel bestreut servieren.

GEWÜRZE MITGAREN

Gewürze in Beuteln verstaut mitzugaren bietet sich überall dort an, wo sie nicht mitgegessen werden und es mühsam ist, sie vor dem Verzehr wieder herauszufischen. So vermeiden Sie bei sich und Ihren Gästen zum Beispiel den eher unangenehmen Biss auf eine Wacholderbeere oder Nelke.

GRATINIERTER ZANDER MIT RATATOUILLE UND PAPRIKASCHAUM

In Zeiten der Überfischung der Meere ist es wichtig, beim Kauf noch mehr auf die Arten zu achten. Der Zander gehört zu den Fischsorten, deren Kauf auch von Greenpeace noch empfohlen werden kann.

1 Stunde

FÜR 4 PERSONEN

Für den Fisch:
4 Zanderfilets (à ca. 150 g; ohne Haut und Gräten)
2 EL Olivenöl
Salz
frisch gemahlener Pfeffer

Für den Schaum:
2 rote Paprikaschoten
3 Schalotten
50 g Butter
50 ml Weißwein
250 ml Fischfond
250 g Sahne
Saft von 1 Limette
Salz
frisch gemahlener Pfeffer

Für das Ratatouille:
1 rote Paprikaschote
1 gelbe Paprikaschote
1 grüne Paprikaschote
1 Zucchini
1 Aubergine
1 Schalotte
1 Knoblauchzehe
4 EL Olivenöl
Salz
frisch gemahlener Pfeffer
1 EL Tomatenmark
100 ml Tomatensaft
1 Lorbeerblatt
2 Stängel Basilikum
100 g frisch geriebener Parmesan

1.

Für den Fisch die Filets waschen und trocken tupfen. Das Öl in einer Pfanne erhitzen und den Fisch darin bei starker Hitze von beiden Seiten 1 Minute knusprig anbraten – er sollte noch nicht ganz gar sein. Herausnehmen, in eine flache Auflaufform legen und mit Salz und Pfeffer würzen. Den Backofen auf 180 °C Oberhitze vorheizen.

2.

Für den Schaum die Paprika längs halbieren, entkernen und in Stücke schneiden. Die Schalotten schälen und fein würfeln. Die Butter in einem Topf erhitzen und die Schalotten darin

bei mittlerer Hitze glasig anschwitzen. Die Paprika dazugeben und kurz mitschwitzen. Mit Weißwein und Fischfond ablöschen. Die Flüssigkeit fast vollständig einkochen lassen.

3.

Inzwischen für das Ratatouille die Paprika halbieren und entkernen. Mit Zucchini und Aubergine in 1 cm große Würfel schneiden. Schalotte und Knoblauch schälen und ebenfalls fein würfeln. Das Öl in einer Pfanne erhitzen und die Schalotte darin bei mittlerer Hitze glasig anschwitzen. Gemüse und Knoblauch dazugeben und mitschwitzen. Salzen und pfeffern.

4.

Das Tomatenmark unterrühren und kurz mitrösten. Mit dem Tomatensaft ablöschen und den Lorbeer dazugeben. Das Gemüse bissfest garen, bis die Flüssigkeit fast vollständig eingekocht ist. Den Lorbeer wieder entfernen. Die Basilikumblätter abzupfen, fein schneiden und dazugeben. Das Ratatouille nochmals abschmecken.

5.

Das Ratatouille über dem Zander verteilen und mit dem geriebenen Parmesan betreuen. Alles im Ofen etwa 6 Minuten überbacken. Inzwischen für den Schaum die Sahne zur Paprikasauce gießen und aufkochen. Dann alles mit dem Stabmixer fein pürieren und nach Belieben noch durch ein feines Sieb streichen. Mit Limettensaft, Salz und Pfeffer abschmecken. Zum Servieren nochmals erhitzen und mit dem Stabmixer aufschäumen.

6.

Den Zander mit dem Ratatouille auf Teller verteilen und mit dem Paprikaschaum beträufelt servieren.

JAKOBSMUSCHELN MIT SÜSSKARTOFFELPÜREE, ZITRUSFRÜCHTEN UND CURRYCREME

Mein exotisches Rezept für Jakobsmuscheln! Die Zitrusfrüchte geben diesem Gericht einen spritzigen Säurekick, der angenehm mit dem Curryaroma harmoniert. Wenn Sie die leichte Bitternote der Grapefruit nicht so gern mögen, ersetzen Sie sie einfach durch die Filets von 1 Zitrone. Sauer macht schließlich lustig!

1 Stunde

FÜR 4 PERSONEN

Für das Püree:
2–3 Süßkartoffeln
100 g Butter
2 EL Sweet Chili Sauce
Salz
frisch geriebene Muskatnuss

Für die Creme:
2 Schalotten
2 Strauchtomaten
1 Stängel Zitronengras
2 EL Erdnussöl
1 TL brauner Zucker
2 EL Tomatenmark
1 EL rote Currypaste
50 ml Weißwein
100 ml Krustentierfond (ersatzweise Fischfond)
200 ml Kokosmilch
2 Kaffir-Limettenblätter (nach Belieben)
Saft von 1 Limette, Salz

Für die Muscheln:
1 rosa Grapefruit
1 Orange
8 Jakobsmuscheln (ohne Corail)
1 EL Olivenöl
Fleur de Sel
frisch gemahlener Pfeffer

1.

Für das Püree den Backofen auf 180 °C Umluft vorheizen. Die Süßkartoffeln mit einem spitzen Messer mehrmals einstechen und auf einem Backblech im Ofen je nach Größe 45–50 Minuten garen.

2.

Inzwischen für die Creme die Schalotten schälen und fein würfeln. Die Tomaten vierteln und den Stielansatz entfernen. Das Zitronengras mit einem schweren Messergriff anklopfen und in 3–4 Stücke schneiden. Das Öl in einem Topf erhitzen und die Schalotten darin bei mittlerer Hitze glasig anschwitzen. Den Zucker darüberstreuen und leicht karamellisieren. Tomaten, Tomatenmark und Currypaste dazugeben und kurz mitschwitzen. Mit dem Weißwein ablöschen und Krustentierfond sowie Kokosmilch angießen. Zitronengras und nach Belieben die Limettenblätter dazugeben. Die Sauce bei mittlerer Hitze 20 Minuten köcheln und auf ein Drittel einkochen.

3.

Für die Muscheln Grapefruit und Orange filetieren (siehe Tipp). Die Filets vorsichtig in kleine Stücke zupfen und zugedeckt beiseitestellen.

4.

Für das Püree die weichen Süßkartoffeln aus dem Ofen nehmen und noch heiß die Schale abziehen. Die Knollen in Stücke schneiden und mit Butter und Sweet Chili Sauce mit dem Stabmixer fein pürieren. Mit Salz und Muskat abschmecken. Die Currycreme durch ein feines Sieb gießen, mit Limettensaft und Salz abschmecken und nach Belieben mit dem Stabmixer aufmixen.

5.

Die Jakobsmuscheln waschen und trocken tupfen. Eine Grillpfanne mit Olivenöl einstreichen und erhitzen. Die Muscheln darin von beiden Seiten bei mittlerer bis starker Hitze je 1 Minute angrillen. Mit Fleur de Sel und Pfeffer würzen. Auf jeden Teller einen Klecks Süßkartoffelpüree geben und die Jakobsmuscheln daraufsetzen, mit Zitrusfruchtfilets belegen und mit Currycreme beträufelt servieren.

ZITRUSFRÜCHTE FILETIEREN

Dazu die Schale mit einem Messer großzügig entfernen, sodass auch die weiße Haut mitentfernt wird. Mit einem scharfen Messer die Filets herausschneiden, dabei den heruntertropfenden Saft auffangen.

GARNELEN-BONBONS MIT WURZELGEMÜSE

Die kleinen Päckchen sehen hübsch aus und sind vor allem ein nettes Gericht für Gäste. Natürlich können Sie anstelle vieler kleiner Bonbons auch einen großen Strudel herstellen. Dann verringert sich die Anzahl der Teigblätter allerdings wie im Rezept auf Seite 116/117 beschrieben.

45 Minuten + 15 Minuten Backzeit

FÜR 4 PERSONEN

200 g Petersilienwurzel
200 g Möhren
200 g Lauch (vom weißen Teil)
1 Bund Schnittlauch
2 Schalotten
24 mittelgroße Garnelen (küchenfertig; ohne Kopf, Schale und Darm)
2 EL Olivenöl
1 Zweig Thymian
1 Knoblauchzehe
abgeriebene Schale und Saft von 1 Bio-Limette
Salz
frisch gemahlener Pfeffer
100 g Butter
frisch geriebene Muskatnuss
100 g Sahne
12 Blätter Strudel- oder Filoteig (à ca. 30 x 30 cm; aus dem Kühlregal)

1.
Die Petersilienwurzeln und Möhren schälen und in etwa 8 cm lange feine Streifen schneiden. Den Lauch putzen und ebenfalls in feine Streifen schneiden. Den Schnittlauch in feine Röllchen schneiden. Die Schalotten schälen und fein würfeln. Die Garnelen waschen und trocken tupfen.

2.
Das Öl in einer Pfanne erhitzen und die Garnelen darin mit Thymian und angedrücktem Knoblauch bei starker Hitze von jeder Seite 15 Sekunden anbraten – sie sollen innen noch roh sein. Mit Limettenschale, Salz und Pfeffer würzen, aus der Pfanne nehmen und mit 1 Spritzer Limettensaft marinieren, beiseitestellen.

3.
Den Backofen auf 200 °C Ober-/Unterhitze vorheizen. 2 EL Butter in einem Topf erhitzen und die Schalotten darin bei mittlerer Hitze glasig anschwitzen. Das Wurzelgemüse dazugeben und kurz mitschwitzen. Mit Muskat, Salz und Pfeffer abschmecken. Die Sahne dazugießen und das Gemüse etwa 5 Minuten weich dünsten. Die Sahne sollte am Garzeitende fast vollständig eingekocht sein.

4.
Das Gemüse abkühlen lassen, dann den Schnittlauch dazugeben. Die restliche Butter zerlassen. Die Teigblätter einzeln auf der Arbeitsfläche ausbreiten. Die untere Hälfte mit Butter bestreichen und die obere Hälfte auf die bestrichene Hälfte umschlagen. Die linke Hälfte mit Butter bestreichen und die rechte Hälfte darüberklappen.

5.
Die Hälfte der Gemüsestreifen auf den Teigblättern in einer Linie verteilen, dabei links und rechts einen 3 cm breiten Rand frei lassen. Die Garnelen auf der Unterseite einschneiden, gerade biegen und jeweils 2 Stück auf das Gemüse legen. Mit dem restlichen Gemüse bedecken. Die Teigblätter aufrollen und die Enden zudrehen.

6.
Ein Backblech mit Backpapier auslegen und die Garnelen-Bonbons auflegen. Mit der restlichen Butter bestreichen und im Ofen etwa 15 Minuten backen. Die Bonbons herausnehmen und auf einem großen Teller anrichten. Dazu passen die Currysauce oder der Paprikaschaum aus den Rezepten Seite 106/107 und 184/185 sowie Basmatireis als Beilage.

REGISTER

Dankeschön an…
Mutti und Papi: Schön, dass es euch gibt! / meine Geschwister Anke, Karin und Niki: We are Family :-) / Manuela Ferling: Wir fliegen lieber weiter als höher ;-) / Bernd Kochem: Retter der Tafelrunde / Christian Schmidt & mein Team in der Schote: fettes DANKE / Henri Bach / Martina Schulz / Ramona Mader / Jordi / das Team im »Müllers« / Elke David / das Team der Planbar 4 / Profagus: Mit euch macht Grillen Spaß! / das Team des DK Verlags und alle, die ich im Herzen habe und für die hier zu wenig Platz war.

Rezepte Nelson Müller, Henri Bach
Foodfotografie Studio Klaus Arras, Köln
Foodstyling Katja Briol
Cover- und Peoplefotografie Mario Andreya
Weitere Fotos Dorling Kindersley Limited (S. 9/ S. 20/ S. 70/ S. 174)
Lektorat Ulrike Kraus, Kathrin Gritschneder
Texte Ulrike Kraus, Manuela Ferling
Gestaltung, Typografie und Illustration Ludwig Haslberger

FÜR DEN DK VERLAG
Programmleitung Monika Schlitzer
Redaktionsleitung und Projektbetreuung Anne Heinel
Herstellungsleitung Dorothee Whittaker
Herstellung Sophie Schiela, Stefanie Staat
Herstellungskoordination Arnika Marx

ISBN 978-3-8310-4198-5

Repro Farbsatz, Neuried/München
Druck und Bindung Neografia, Slowakei

MIX
Paper from responsible sources
FSC® C020353

www.dk-verlag.de

HINWEIS
Die Informationen und Ratschläge in diesem Buch sind vom Autor und vom Verlag sorgfältig erwogen und geprüft, dennoch kann eine Garantie nicht übernommen werden.
Eine Haftung des Autors bzw. des Verlags und seiner Beauftragten für Personen-, Sach- und Vermögensschäden ist ausgeschlossen.

Für die freundliche Unterstützung danken wir der Firma proFagus GmbH
profagus.de

OBST	J	F	M	A	M	J	J	A	S	O	N	D
Äpfel	○	○	○	○	○	●	●	●	●	●	○	○
Aprikosen							●	●				
Birnen	○							●	●	●	○	○
Brombeeren							●	●	●			
Erdbeeren					●	●	●					
Heidelbeeren					●	●	●	●				
Johannisbeeren					●	●	●					
Nektarinen							●	●	●			
Pfirsiche							●	●	●			
Pflaumen							●	●	●			
Quitten									●	●	●	
Stachelbeeren						●	●	●				
Trauben								●	●	●	●	
Zwetschgen							●	●	●	●		

PILZE	J	F	M	A	M	J	J	A	S	O	N	D
Champignons								●	●	●		
Maronen					●	●	●	●	●	●		
Morcheln				●	●							
Pfifferlinge						●	●	●	●	●	●	
Steinpilze					●	●	●	●	●	●	●	

SAISONKALENDER

Dans leur terrier sautillent les lapins.
Les taupes creusent leurs galeries avec soin.
Les renards façonnent leur tanière.
Et tous ces tunnels font du sol un vrai gruyère !

Les lapins sauvages construisent leur propre abri en creusant sous terre. La « garenne » désigne les lieux boisés au sol meuble, où ils établissent leur réseau de chambres et de galeries.

Chaque terrier est équipé d'accès multiples, afin que les lapins puissent s'y réfugier facilement à la hâte, si un prédateur arrive.

En général, les lapins s'aventurent dehors à l'aube et au crépuscule, quand la clarté est suffisante pour voir, mais qu'il fait encore assez sombre pour se cacher en cas de danger.

Elles jettent un tapis mordoré ou cuivré
au pied des conifères et des arbres dénudés.
Mais au printemps, les feuilles renaissent,
offrant un spectacle dont personne ne se lasse.

Les feuilles sont de toutes formes et de toutes tailles. Elles jouent un rôle essentiel pour l'arbre.

Feuille d'érable — Feuille de chêne — Feuille de bouleau — Feuille de séquoia

Les feuilles contiennent des cellules qui forment la « chlorophylle », et piègent la lumière du Soleil qu'elles transforment en nutriments. Ce processus est appelé « photosynthèse ».

Lorsque viennent l'automne puis l'hiver, les jours raccourcissent et la quantité de lumière disponible diminue. Alors, les arbres perdent leurs feuilles, au lieu de dépenser une énergie devenue précieuse à les maintenir en vie. Ainsi, ils économisent leurs ressources vitales durant les mois les moins ensoleillés.

Jaillissement

Loin parmi les hauts sommets
une source d'eau échappée,
ruisselle vers la vallée,
et devient un fleuve à force d'enfler.

Ses flots deviennent plus rapides.
Il s'élargit, entre les arbres s'insinue,
par-dessus les rochers se précipite,
et vers la mer se rue...

En route !

Alors que filent les saisons
et qu'un vent frais commence à souffler,
les hirondelles se préparent à migrer
pour échapper au froid qui va arriver.

En quête de chaleur et de Soleil,
elles volent en petits groupes survolant
les mers aussi bien que les continents.
Naviguant parfois à basse altitude,
elles suivent le chemin pour aller vers le sud.

Parvenu à son estuaire finalement,
le fleuve s'évase amplement,
mêlant ses eaux douces au sel de l'océan
dans un mouvement tourbillonnant.

Les oiseaux fréquentant le bord de mer, tels que les cigognes et les goélands, exploitent à leur avantage la brise marine venue du large.

En planant, ils réduisent leur besoin de battre des ailes et profitent du support des courants aériens sans utiliser trop d'énergie.

Les « affluents » sont des petits cours d'eau douce qui se déversent dans un fleuve ou une rivière.

La plupart des grands fleuves sont irrigués par de nombreux cours d'eau plus petits. En Amérique du Sud, l'Amazone, par exemple, possède plus de 1 100 affluents.

Les saumons commencent leur vie dans l'eau douce des rivières, mais accomplissent ensuite un long voyage pour rejoindre l'océan. Une fois adultes, ils refont le chemin inverse par la même rivière, afin de retrouver l'endroit où ils sont nés et, à leur tour, y pondre des œufs.

La chaleur des plaines africaines
ayant réchauffé leurs ailes fatiguées,
les hirondelles cherchent à manger
et s'offrent alors un festin de reines !

Voir la première hirondelle après l'hiver est considéré comme un bon présage. Cela signifie que les jours à venir seront ensoleillés.

Les hirondelles migrent pour remplir leur estomac ! Friandes d'insectes volants tels que mouches et moustiques, qui prolifèrent là où il fait chaud, elles coordonnent leurs déplacements avec les saisons les plus propices.

Pour boire, les hirondelles descendent en piqué vers les plans d'eau. Sans interrompre leur vol, elles en frôlent la surface pour prélever de petites gorgées.

Terre givrée

De fines particules d'eau gelée
flottent mollement dans l'air glacial,
dispersées par les nuages doux et pâles
dans une belle danse hivernale.

Valsant, virevoltant et tournoyant,
les flocons vers le sol dérivent lentement.
Et lorsqu'ils se posent si délicatement,
ils réinventent le paysage environnant...

Sous les étoiles

Un hôte emplumé aux grands yeux
plane dans le crépuscule.
Sous ses ailes, le jour éteint ses feux,
et dans la nuit le monde bascule.

Quand le Soleil plonge à l'horizon,
les lointaines étoiles argentées
miroitent avec plus d'intensité.
Les créatures nocturnes se devinent
à l'heure où le jour décline...

Désormais, le monde coloré
s'est paré d'un blanc immaculé,
enveloppé par l'hiver glacé
dans sa grande cape givrée,
scintillante, lumineuse et irisée.

Un flocon de neige est un cristal de glace qui tombe du ciel lorsque la vapeur d'eau des nuages gèle.
Chaque flocon est unique, mais ils ont en commun certaines des formes et motifs qui les composent.

Les flocons fusionnent souvent entre eux et créent des flocons plus gros. S'il fait assez froid, ils s'échoueront à terre sous forme de neige.

La neige légère et moelleuse est qualifiée de « poudreuse ». Lorsqu'elle est plus lourde, plus dense et soufflée par des vents puissants, elle forme une violente tempête de neige appelée « blizzard ».

Maintenant que tu t'es promené dans les champs grouillant de vie, et que tu sais l'activité secrète qui s'y cache, la prochaine fois que tu sors au grand air, assure-toi de bien observer tout ce qui se passe autour de toi !

Lapin

Bleuet

Rayon de miel

Œufs d'oiseau

Plumes

Nid

Canard

Épinoches

Canetons

Coccinelle

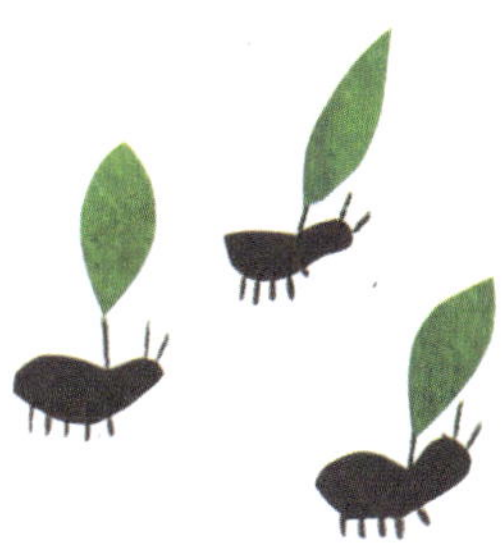

Fourmis

Bourdon

Sous la protection des ombres, les explorateurs de l'obscurité commencent à rôder. Leurs bruits rompent le silence figé… un cri étouffé ou un hurlement éloigné…

Certains animaux dorment le jour et s'activent la nuit. Ils disposent généralement d'une excellente ouïe, d'un odorat affûté et d'une vision nocturne adaptée.

En vol, les chauves-souris émettent des sons, dont les ondes rebondissent sur les éléments de leur environnement et leur renvoient un écho. Ainsi, elles identifient les obstacles sur leur trajet et la présence de leurs proies.

Le hibou grand-duc est maître dans l'art du déguisement. La coloration de son plumage aide à le confondre avec l'écorce des arbres.

Les grillons communiquent dans l'obscurité en frottant leurs ailes ensemble. Le son obtenu est appelé « stridulation ». Chaque espèce de grillon possède son propre chant, différent des autres.

Le cerf de Virginie est plus actif la nuit, et cherche ses pâtures dans la douce lumière de l'aube ou à la tombée du jour.

Mammifères semi-aquatiques, les castors s'activent plutôt au lever et au coucher du jour. Ils bâtissent des barrages et des huttes sur les cours d'eau.